EL PODER DEL PROPÓSITO DE VIDA

La trinidad sagrada para alcanzar felicidad con plenitud.

Silvio Santone

Santone, Silvio Adrián
   El poder del propósito de vida : la trinidad sagrada para alcanzar felicidad con plenitud / Silvio Adrián Santone. - 1a ed. - Berazategui : Silvio Adrián Santone, 2021.
   243 p. ; 22 x 15 cm.

   ISBN 978-987-88-0135-3

   1. Autoayuda. 2. Desarrollo Personal. 3. Productividad. I. Título.
   CDD 158.1

1ª Edición oficial, Mayo 2021.
Título original del libro en español: "El Poder del Propósito de Vida".
Titulo original del libro en Ingles: "The Power of Life Purpose".

ISBN Libro Impreso: 978-987-88-0135-3
ISBN Libro Electrónico: 978-987-88-0146-9

BioNeuroCoaching® Terapia Integral de Vida y Sesiones de **Decodificación Emocional®**
Página Web: www.SilvioSantone.com
E-Mail: info@SilvioSantone.com

Instagram: SilvioSantone
Facebook: @SilvioSantoneOficial
YouTube: Silvio Santone
Twitter: @SilvioSantone
Linkedin: Silvio Santone

Fundador & CEO de ADN Empresarial Consulting
Reinvención y crecimiento transformando empresas desde adentro hacia afuera. Consultoría & Training Empresarial. **BioNeuroAssessment®** Estudio integral del ADN Empresarial y su impacto en los procesos de la Compañía. **BioNeuroManagement®** Coaching Ejecutivo para Directores, Lideres y Equipos de Trabajo.

Página Web: www.ADNEmpresarial.biz/index/
E-Mail: info@ADNEmpresarial.biz

Diseño gráfico de estructura de portada: Carlos Moreno Ortega (www.SuperMarketing.es)

Amigo lector

Que este libro sume luz a tu vida, aporte discernimiento y ayude a expandir tu conciencia. Que agregue valor en el camino que has decidido emprender hacia tu propósito, y que lo haga en paz, armonía y sincronicidad con el Universo.

Este libro es tan solo un instrumento que has elegido para transitar esta vida en el aquí y ahora. Sin tu presencia plena, este libro no es nada.

¿Qué significado tiene este libro? El que tú quieras darle. Agradece a tu alma haberte llevado hacia él. Trasciende y mejora los conceptos que en él comparto para ti. Deja tu legado para el bien de todos. Somos uno.

¡Te abrazo en Luz, Amor y con el Alma!
Gracias, gracias, gracias.
Así es, hecho está.

Silvio Santone
www.SilvioSantone.com

Índice

Dedicado...

A Martiniano, quién en esta vida me ha vuelto a honrar con el rol de padre, y con su sonrisa hace que cada día mis ojos brillen.

A Ivana, con quién nos hemos elegido para compartir nuestra felicidad. Gracias por tu presencia, enseñanzas, nobleza, compañerismo y amor.

A las almas compañeras de varias vidas, con quienes, desde el amor, nos hemos ayudado mutuamente para transitar este camino de sanación y crecimiento.

A mis familiares y ancestros, seres queridos, mentores, compañeros y todos aquellos con los que he compartido momentos importantes.

A todos los seres en los que he reflejado mis "opuestos" a partir de mis proyecciones mentales, programas y creencias que necesitaban ser transformadas. Mis más sinceras disculpas, por el dolor que pude ocasionar, y un eterno gracias por las lecciones aprendidas.

A todos aquellos que asumen la vida desde la conciencia, y hacen cada día que el mundo sea un poco mejor.

A Dios, mis Maestros Ascendidos, Ángeles, Guías y Yo Superior, quienes son incondicionales y siempre me acompañan.

A todos los libros de mi biblioteca, los cuales son mi mayor bien material y mejor inversión.

Todos han sido maestros que han ayudado en mi proceso de evolución conciencial.

Eternamente gracias.

Introducción

Si somos seres perfectos a imagen y semejanza de la fuente creadora y venimos de un plano de perfección entonces ¿Para qué estamos aquí? ¿Cuál es el sentido de nuestra vida? ¿Cuál es el propósito de nuestra encarnación? ¿Existe una misión terrenal o espiritual? ¿Cómo se relaciona esta misión con otros planos dimensionales? ¿Nuestro propósito de vida es lo que hacemos en el ámbito de la profesión?

En un momento de nuestras vidas emerge, inconscientemente, hacer aquello a lo que estamos destinados. Esa llamada interior inicia con preguntas trascendentales como las formuladas en el párrafo anterior, y desde ese lugar empezamos a construir la búsqueda hacia el verdadero Yo.

Así empezamos a darle sentido a nuestra vida transformando todos los logros terrenales, desde la conciencia del ego, hacia un propósito que nos trasciende, al mismo tiempo que nos brinda armonía y bienestar. Empezamos a transformar los vacíos que los deseos materiales no han podido llenar y entendemos que la búsqueda de la verdad está en otro ámbito más sutil que nos une a todos.

Nuestra creación hasta el momento —producto del ego condicionado por creencias y miedos arraigados en nuestro inconsciente— entra en conflicto cuando la llamada de la voz interior se manifiesta sutilmente y se produce el despertar.

Generalmente, el despertar nace desde un estado de insatisfacción que supera al estado de felicidad ilusorio que producen los logros terrenales. La insatisfacción que se produce por no dar con aquello a lo que se vino, hace que, desde la ignorancia conciencial, intentemos rellenar los vacíos con cosas superficiales o con personas que nos muestran nuestras heridas emocionales inconscientes.

Entonces, desde ese estado de insatisfacción empezamos a construir la transformación hacia el nuevo Yo y esta toma sentido cuando aceptamos el proceso y las nuevas experiencias de aprendizaje que se nos presentan.

Todo lo que nos sucede es un mandato divino que nos direcciona hacia la verdadera misión o propósito de nuestras vidas, y una vez reconocido, nuestra vida cambia para encontrarnos con un nuevo renacer —nuestro segundo nacimiento en este plano—. Desde ese momento, el despertar del Ser se ha producido y todo nuestro accionar se direcciona hacia ese vislumbre del propósito de vida que nos guía hacia la verdadera autorrealización.

¿Por qué solo un vislumbre del propósito de vida? Porque forma parte de las reglas de este juego de Dios, o juego de la vida. Si supiéramos como termina el juego sería aburrido, ¿cierto? ... Y justamente disfrutar del proceso, viendo únicamente algunos de los próximos pasos, es una de las claves para ganar el juego, porque el futuro no está creado, sino que cocreamos los potenciales futuros a partir de nuestra intención y accionar en el presente. Así que desde el aquí y ahora, podremos direccionarnos claramente hacia potenciales futuros ilimitados, totalmente incomprensibles por nuestro Ser en el actual estado conciencial.

Toda situación que se nos presenta en la vida, esconde detrás un aprendizaje que no siempre podemos comprender inmediatamente. El dolor inicial es un manto que suele desviarnos de esa comprensión. Igualmente transitar el dolor es una etapa inevitable y forma parte del proceso para sanar y crecer, el cual está directamente relacionado a gran parte del propósito de vida del alma en este plano.

Comprender nuestro pasado, de esta u otras vidas, nos permitirá detectar rápidamente las luces —instrumentos divinos del alma para esta encarnación— y las sombras que viene a desarrollar para sanar y crecer —evolucionar—. Tales cualidades, parezcan positivas o negativas para el ego, nos ayuda a comprender el verdadero propósito de vida de esta encarnación.

Aceptar o no nuestra esencia espiritual y el propósito de vida que tiene el alma encarnada no es comprendido por todos los seres y así está bien porque el aceptarlo corresponde a almas que han despertado, que han conectado con su esencia espiritual y lo han asumido con total convicción. Quienes así no lo entiendan, también están cumpliendo con el propósito de vida de su encarnación, aunque no lo reconozcan. Así que cada uno de nosotros está llevando a cabo su propósito de vida, empezando por su proceso de sanación y crecimiento con sus tiempos e instrumentos, según el plan prenatal del alma en esta vida.

Esto demuestra que el plan no puede saberse completamente en el inicio, sino que se nos va debelando a medida que transitamos nuestro camino, despiertos a la conciencia espiritual o no. Las ventajas de asumirlo desde la conciencia espiritual es que nos otorga un gran alivio, nos libera de sufrimiento, nos brinda confianza y paz interior. Percibimos la protección del Universo que nos acompaña en todo momento en la concreción de la misión.

Pero ¿Dónde nace la misión del alma? ¿Por qué cada uno de nosotros tiene una misión específica? ¿Existe una única misión o son varias a lo largo de toda la vida? Estas y más preguntas te las responderé a lo largo del libro, y veras porque el propósito de vida es el gran poder oculto para alcanzar felicidad con plenitud.

También veremos porque el propósito de vida es el gran movilizador a la acción diaria y nos permite enfocar en aquello que realmente importa, sin dejar de observar lo que sucede a nuestro alrededor. Este poder del propósito de vida genera la disciplina, la perseverancia y la voluntad necesarias para accionar en todo momento, más aún en los momentos difíciles.

Todo lo que derive del propósito de vida no es trabajo. Es una labor divina que se disfruta. Ahora para ello se requiere disciplina que te acercará a los resultados. La disciplina surge de ser un discípulo del propósito de vida, y para ello se requiere acción enfocada.

Esos momentos de incertidumbre se minimizan ante la existencia de este poder sutil y vital que produce el haber dado con el vislumbre del propósito de vida. Toda duda se convierte en fe, y toda situación incomprendida se convierte en oportunidad para seguir evolucionando.

Como nos dijera Viktor Frankl, quien fuera neurólogo y psiquiatra austriaco que sobrevivió a varios campos de concentración durante la segunda guerra mundial: *"No es la voluntad de poder ni la voluntad de placer, sino la voluntad de sentido la que hace al ser humano. El sentido –o, mejor aún, el significado– es suficiente para una buena vida"*. Viktor también dijo: *"La vida nunca es insoportable debido a las circunstancias sino sólo debido a la falta de sentido y significado... Todo le puede ser despojado al ser humano menos su capacidad de elegir una actitud dadas ciertas circunstancias, elegir el propio camino"*.

Como habrás notado, cuando el propósito de vida está claro, ni el mayor estado de crueldad, o de tensión psíquica, o de indigencia física, lo altera. Allí radica nuestro principal trabajo personal: descubrir nuestro propósito y llevarlo a cabo en forma consciente.

Hay seres que viven en una incertidumbre constante y eso no se debe a factores externos, si bien estos son potenciadores de lo que sucede internamente. En el fractal de posibilidades, lo que sucede fuera es reflejo de lo que sucede dentro. Entonces, ¿Qué es lo que hace que vivamos en constante incertidumbre? —las cuales se exacerban cuando transitamos una crisis mayor como la pandemia del 2020/2021— ... Creo que el no tener claro quien se es y a que se vino. Allí radica toda fuente de inseguridad e incertidumbre personal. Cuando se sabe quién se es y a que se vino no hay crisis que nos afecten. En todo caso observamos y desde ese ámbito de seguridad personal redefinimos y continuamos, pero nunca retrocedemos. El Ser Consciente no retrocede en su camino. Frena, observa, ajusta el rumbo y continua con aprendizaje.

El tener buenas intenciones es un gran primer paso y la humanidad se ha quedado en muchos buenos primeros pasos. El mundo de hoy requiere integridad, es decir, llevar a la acción esas buenas intenciones. Hoy habitamos un mundo de más buenas intenciones que buenas acciones. Podemos revertirlo a partir de asumir nuestra misión de vida considerando nuestro impacto en la humanidad.

Siendo así, entonces el propósito de vida es el motivador principal para tomar acción. Al inicio es la voz interior la que te guía hasta que la misión te es develada. De ahí en adelante ese vislumbre del propósito de vida te guiará y abrirá las puertas necesarias para su cumplimiento a medida que avanzas en tu proceso de sanación y crecimiento.

El Ser Consciente entiende que siempre tiene que haber una razón principal y de peso para justificar su accionar. Esa razón tiene está compuesta por distintas misiones particulares a emprender —todas totalmente relacionadas al propósito de vida—. Puede haber muchas razones menores que parezcan importantes, pero la suma de todas ellas no superará el 20% de los buenos resultados —las trampas del juego se llevarán el 80% de tu tiempo y te darán un resultado muy bajo—.

El 80% de los resultados llegarán cuando enfoques tu visión y energía en la parte real del juego. La clave será detectar cuál es esa razón que te movilizará y que potenciará los resultados. Y para su concreción tienes que detectar los vehículos o instrumentos adecuados —en el libro *"Tus horas Milagrosas"* brinde una gran variedad de instrumentos para dar con el propósito y luego potenciarlo—.

A su vez, para lograrlo es importante mantenerte en equilibrio con tu Ser. Para esto se requiere creer porque no es posible prevalecer en lo que no se cree. Esto te lleva a ser disciplinado, pero sin esfuerzo. Disciplina feliz que se disfruta. Porque se falla por la falta de fe y creencia, lo que origina falta de disciplina, de perseverancia y de voluntad. Todas cualidades fundamentales para dar con el propósito y luego alcanzar el máximo potencial.

El propósito de vida es la misión divina que venimos a desarrollar y está conformado por una triada perfecta —que te develaré a lo largo del libro—. Muy lejos está de necesitar esfuerzo para llevarla a cabo. ¿Por qué? Porque el alma es quien toma el mando del vehículo y no hay falsos conductores.

No se requiere únicamente disciplina para alcanzar dicho fin. Sino que el amor, la convicción y la devoción hacia esa misión que se cumple a través tuyo permitirá que aparezca en ti tal frecuencia vibracional, en forma de disciplina, actitud, perseverancia y demás aptitudes necesarias para que acciones cada mañana y sumar un paso más hacia la meta.

El Dalai Lama expreso: *"La verdadera disciplina no se impone. Sólo puede venir del interior de nosotros mismos"*. Solo la causa que existe detrás da origen al movimiento. ¿Sabes cuál es la verdadera causa que te moviliza cada día en tu accionar? Si la causa no te trasciende como persona, entonces es una causa superficial que forma parte del plano ilusorio, y no te dará libertad, autorrealización. Reconoce tu causa elevada —con seguridad la tienes, y por eso estas aquí—. Luego realízala con alma y corazón.

Mucho se menciona acerca de que el propósito de vida es servir y, básicamente, es hacerlo a través del ámbito de la profesión. Entiendo que esto es tan solo una pequeña parte de nuestra gran misión de vida, y a lo largo de este libro te develaré la trinidad sagrada que hace al propósito de vida y el peso que tiene cada una de las partes que la conforman.

Entiendo que pueda sonar intimidante el hablar de un propósito de vida que nos trasciende, pero como veras a lo largo de este libro, lo que realmente intimida es el miedo, generado por el ego, a creer que no es posible alcanzar semejante meta divina. Y, por supuesto, los más escépticos prefieren conformarse con encontrar el propósito en el ámbito de la profesión y especialmente en palabras como servir. Difícilmente quien no ha trabajado en su proceso de sanación y crecimiento, pueda servir a otros o a una causa mayor que lo trascienda. Así que el propósito está más relacionado a nuestro proceso de sanación y crecimiento que luego se verá reflejado en todo lo que emana de nosotros hacia las relaciones y hacia la profesión.

Tambien sucede que muchos seres confunden su propósito de vida con algo que deben hacer hacia el exterior. En las sesiones de BioNeuroCoaching® suelen decirme que su propósito es ayudar a un mundo mejor, o a elevar la conciencia de la humanidad, o a enseñar, o a servir a los demás, etc., y si bien ese puede ser el efecto final que tendrá la concreción del propósito, este requiere de una causa previa más específica —Ley Universal de Causa y Efecto— y en la cual todavía no han indagado.

La confusión deviene de pretender enfocarse en el efecto final sin atender primero la causa y el proceso que lleva de la causa al efecto —donde está la mayor riqueza del aprendizaje—. La labor en el Ser seria lo primero ya que no se puede dar aquello que no somos. Y para avanzar en esa labor es necesario sanar y crecer.

Aplicando la ley de causa y efecto, quién se enfoque en los efectos vivirá en la ilusión. Quién se enfoque en las causas encontrará la verdad. El solo hecho de entender esta ley universal te facilitará la concreción de todo aquello que sientas que resuena en tu camino de autorrealización y trascendencia. Y lo más sorprendente es que a medida que avanzas en tu proceso de sanación y crecimiento —evolución conciencial— tu vida mejora e impactas en la vida de otros —estarás sirviendo a la humanidad—.

El proceso es tan importante como la causa que le da origen. Tambien veras que ese proceso ocurre en ciclos evolutivos que cada uno de nosotros experimentamos. Como expliqué en el libro *"El Factor Conciencia"*, los ciclos evolutivos requieren de un trabajo interno —en el Ser— que siempre antecede a la acción externa —el Hacer—. El primero es indispensable para avanzar en la vida. El segundo se torna menos relevante a medida que la conciencia crece porque la manifestación —el Tener— fluirá más armoniosamente. A mayor conciencia, menor es el esfuerzo, y mayor es el sincrodestino y la fluidez de la manifestación.

Este trabajo interno es un proceso de transformación. Y como en todo proceso de transformación, las transiciones siempre son duras, pero luego viene el bienestar. Durante dichas transiciones trabaja en tu Ser, lo que se reflejará en tu Hacer. Al final, como resultado, vendrá el bienestar, el Tener. Puedes verlo como un círculo virtuoso que se retroalimenta:

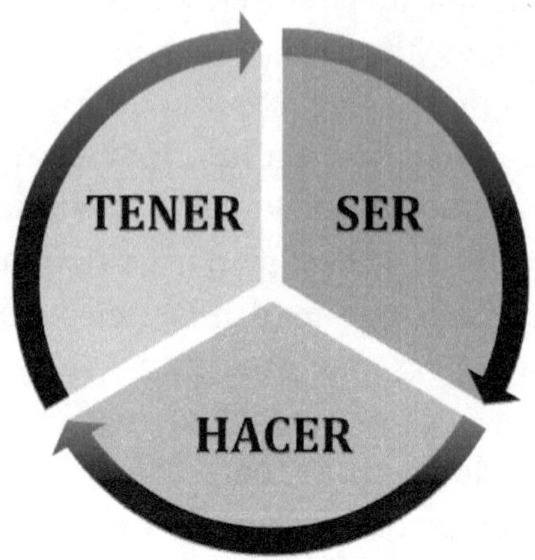

Visto en perspectiva, el crecimiento personal consciente es un espiral evolutivo ascendente:

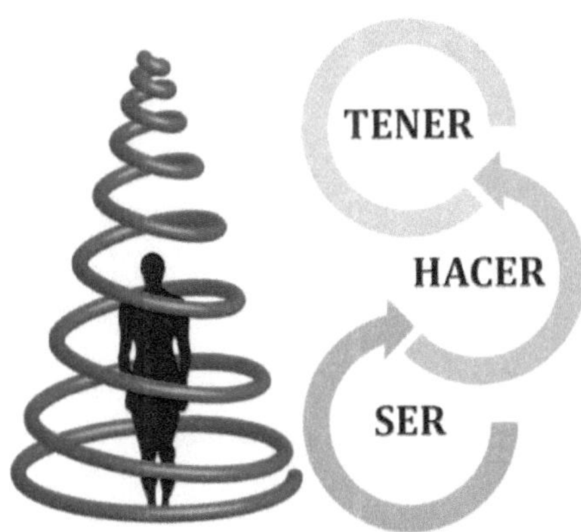

A su vez, el espiral evolutivo ascendente no es único, sino que se realiza en numerosos ciclos que se retroalimentan mientras transcurre la vida. Es decir, cada ciclo evolutivo representa una nueva versión de ti:

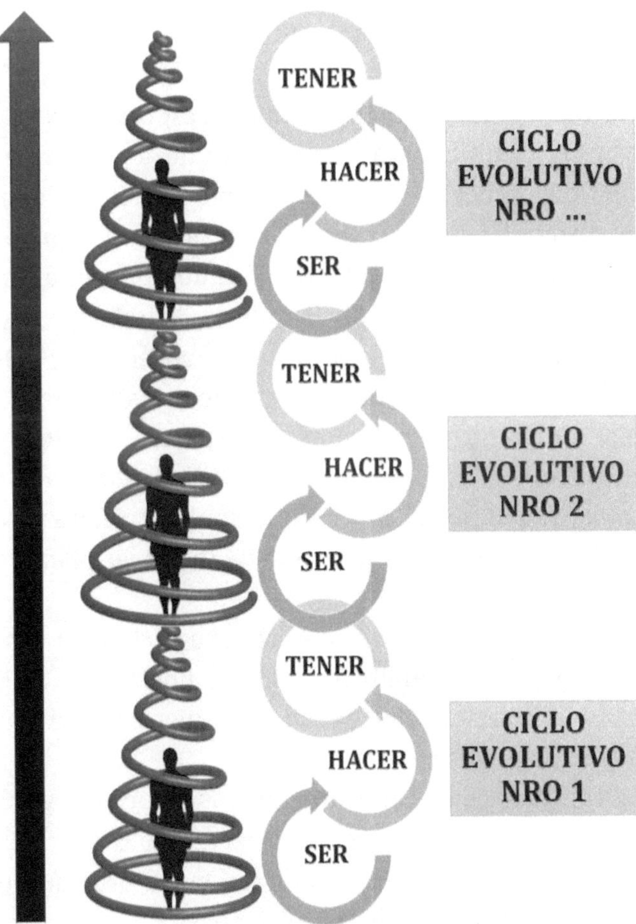

Hasta aquí lo realizamos a nivel individual, pero es más complejo porque interactuamos con los ciclos evolutivos de los demás seres que forman parte de nuestro entorno, y toda la humanidad.

Es inevitable que el Tener será fruto de todo el trabajo previo que realizarás, inicialmente, en tu Ser y, luego, en tu Hacer con todos los seres y situaciones que te rodean. El Tener vendrá solo, por añadidura. Y luego de cada Tener, vuelves a empezar el proceso con humildad, fe, convicción y amor, porque el Ser entiende de aprendizajes a través del proceso y no se queda atado al logro.

Dicho proceso es como un pasillo con curvas y no puedes ver las infinitas posibilidades que hay hasta atravesarlas. Solo puedes ver unos pocos pasos y cada uno de ellos requiere hacerlo con total convicción y amor hacia el propósito de vida que te guía a través de la voz interior —el alma expresándose—. Esta cualidad del Ser consciente implica fluir hacia una dirección precisa mientras está en tiempo presente —en el aquí y ahora—, observando las señales que se presentan en forma de causalidades y oportunidades.

El alma sabe a qué vino, y somos los únicos responsables en convertirnos en quienes estamos destinados a ser. Por supuesto, hay que transformar aquello que impide su concreción —heridas emocionales, miedos y creencias inconscientes—. Eso que estamos destinados trasciende la profesión, pero se verá reflejado en ella una vez que entendamos que existe una labor previa, de base, y es en nosotros mismos. Y, por supuesto, aquello que nos trasciende requerirá de fe, convicción, perseverancia, voluntad, enfoque, alegría, disfrute y amor. Nada, realmente genuino, puede lograrse sin estas cualidades divinas.

Mark Twain, quien fuera un popular escritor, orador y humorista estadounidense, afirmó: *"Los dos días más importantes en la vida son el día que naciste y el día que descubres la razón por la cual"*. Y cuánta razón le darás a Mark cuando tu Ser empiece a sentir que ha dado con las primeras señales de su propósito de vida.

Si crees ver el final del camino entonces es el ego el que habla. Transitar el proceso significa lograr el equilibrio entre la liberación, el disfrute y la incertidumbre. La liberación del pasado, el disfrute del presente y la incertidumbre acerca del futuro.

Y la incertidumbre hace que nos amiguemos con cierto grado de locura, totalmente necesario, que nos permite hacer aquello que de alguna otra manera no haríamos, pero la voz interior es tan fuerte que es inevitable avanzar sin saber que hay detrás de las curvas. De otra manera no podríamos explicar porque, en ciertos momentos de la vida, tomamos decisiones trascendentales que cambian el rumbo de nuestra vida y después de un tiempo, al mirar hacia atrás, nos asombramos por lo audaz de lo realizado.

Siempre recomiendo tener un plan de acción, pero aclaro que ese plan no sea rígido. Tenemos que dejar un % librado a la incertidumbre y a la sorpresa que nos depara el Universo. Formula de acción: 80% plan + 20% flexibilidad para fluir con lo impredecible.

El propósito de vida te presentará situaciones nuevas e inesperadas que exigirán llevarte a un nuevo nivel o estado conciencial. No te preocupes, porque no se te presentarán desafíos que no puedas resolver. Simplemente se requiere que los encares con una visión más profunda y expansiva, propia del siguiente estado conciencial al que estás yendo. Y en ello la clave está en las preguntas que te formules y el nivel de humildad e intención con que decidas transitar el proceso.

A mayor devoción por esa esencia universal que reside en ti, mayor amor, mayor estado conciencial, más paz, armonía, unidad. Por eso creo que no hay ganadores o perdedores. Hay creyentes y no creyentes de su esencia y poder divino. Distintos estados conciénciales cocreando experiencias, cada uno con sus tiempos, pero finalmente todos llegaremos al mismo destino.

Es excelente tener referentes que nos guíen hacia el propósito, a través de las herramientas que nos comparten o de su forma de ver la vida. Ahora, tienes que ser el principal fan de tu vida y el propósito que se transmite a través de ti.

Toma lo que resuena en ti del mensaje que se transmite a través de los referentes y aplícalo en tu misión divina. Nunca el mensajero puede ser más importante que el mensaje. El mensaje debe trascender a quién lo transmite. No te apegues al mensajero.

No olvides que este libro es tan solo un instrumento que has elegido para transitar esta vida en el aquí y ahora. Agradece a tu alma haberte llevado hacia él. Trasciende y mejora los conceptos que en él comparto para ti. Deja tu legado para el bien de todos. Somos uno.

¡Un abrazo desde el Alma!
¡Sé feliz, haz el bien y vive con conciencia!

Silvio Santone
www.SilvioSantone.com

¡Bienvenido!

¡Hola! 

Antes que nada, quiero darte la bienvenida y las gracias por haber destinado parte de tu valioso tiempo y recursos para adquirir este material.

A lo largo de varios años de estudio, investigación y vivencias experimentadas, ha llamado mi atención entender como la conciencia podría ser aplicada en cada uno de los aspectos de mi Ser, y así potenciar todas sus capacidades. Sin saberlo, estaba adentrándome hacia el autoconocimiento e iniciando un camino de autorrealización personal. Ambas siguen siendo un trabajo diario, pero, desde hace un tiempo, con un propósito y horizonte bien establecido. No fue un camino fácil, pero ha valido la pena cada momento, ya sea bueno como doloroso, para entender que todo forma parte del camino que he venido a emprender en esta vida.

Antes de seguir hacia la parte más rica del libro, quiero contarte un poco sobre mí. Creo que es bueno que sepas quien está del otro lado para que podamos transitar juntos este camino. Como verás a lo largo del libro, me gusta iniciar cada capítulo con una historia o un cuento que introduzca al lector en el nuevo tema a tratar. En esta sección iniciaré con mi historia personal, y la historia que dio origen a esta serie de libros.

Soy un Ser apasionado de la vida, sus bondades y enseñanzas. Disfrazado de padre, compañero, hijo, amigo, ciudadano, autor, conferenciante, consultor empresarial y otros tantos roles que iras conociendo en los próximos párrafos.

En esta encarnación nací un 27 de marzo del año 1974, en la ciudad de Berazategui, provincia de Buenos Aires, Argentina. Desde pequeño comencé a trabajar en el negocio familiar, un comercio dedicado a la venta de materiales para la construcción —negocio que inicio mi padre siendo adolescente—. Él siempre fue muy trabajador, responsable y lleno de energía. Contagiaba con el ejemplo. Después, siendo adulto logré entenderlo. Le estoy eternamente agradecido por toda su enseñanza.

El negocio era familiar y, por la tarde, también trabajaba mi madre. Por la mañana se ocupaba de la gran labor de la casa. Ella procedía de una familia dedicada, por generaciones, a cultivar la tierra sembrando hortalizas y vegetales para luego comercializarlos en los mercados de la zona —ambas familias eran inmigrantes italianos—. Con los años, y después de muchas peleas, aprendí como se puede expresar amor desde distintos ámbitos —por ejemplo, desde cocinar una rica comida, hasta hacer que en la casa no falte nada para que sus hijos estén bien—. Hay múltiples formas de expresar el amor y todas son válidas. Así que también estoy eternamente agradecido a ella por darme la vida y cuidarme.

En el negocio familiar también trabajaba mi hermano. Ambos hermanos estudiamos y trabajamos desde pequeños. Él nació el mismo día de mi nacimiento, pero dos años después. Él, por ser menor, tuvo que padecer mis travesuras, molestias y engaños. Recuerdo que juntos compartíamos todos los cumpleaños y, por supuesto, los invitados traían dos regalos. En los casos que no le ponían el nombre al regalo —y por ser el hermano mayor—, tenía la posibilidad de aventajarlo y elegir primero el regalo, entonces aquel que no me gustaba se lo daba a él. Esto duro poco tiempo porque a partir de los 6 o 7 años lo entendió y, con toda razón, empezó a defender sus derechos. También siendo adulto lo empecé a valorar, y me complace ver la persona en que se ha convertido, y la hermosa familia que ha formado. Agradezco que seamos hermanos.

En los primeros años, también trabajaron mis abuelos y tíos paternos. Años después mi padre se independizo y siguió con nuestra familia. Allí cumplí muchas tareas. Una de las que más me fascinaba era la logística y manejar los vehículos —tractor con pala y los camiones—. Desde los diez años, y a medida que llegaba a los pedales, iba practicando con cada vehículo que allí estuviese disponible —nunca olvidaré la cara de mi abuela Margarita cuando derribé una hilera de chapas de fibrocemento, que luego tuvimos que vender a un menor precio por estar marcadas—. Pertenezco a una familia donde mi abuelo paterno fue camionero por cuatro décadas, y del lado materno también había vehículos para trabajar la tierra. Manejar camiones y tractores era muy común, se respiraba eso todo el tiempo.

Entonces, me encargaba de la logística. Organizaba y preparaba los camiones para que el chofer entregará el material a los clientes. Ya de pequeño disfrutaba hacer, tomar acción. A medida que crecí tomaba otras funciones y mayores responsabilidades, por ejemplo, atender a los proveedores, atender a los clientes —así aprendí a perder la timidez e interactuar con otras personas y, en muchos casos, ayudarlos con algún consejo—. A partir de los 17 años, con mi primer registro de conducir, empecé a realizar la entrega de los materiales, y entrar a las casas de cientos de clientes, donde vi muchas realidades diferentes a la mía.

También aprendí sobre comercio, finanzas y economía. Tuvimos que sobrevivir a hiperinflaciones y recesiones económicas tremendas, que casi nos llevan a la quiebra en varias oportunidades y, sobre todo, nos generaban un gran malestar familiar. Muy importante, fue aprender a lidiar con imprevistos y actuar rápidamente, entre otras tantas situaciones cotidianas. Muchas vivencias, que realmente siendo adulto pude comprender y asimilar, a partir de trabajos de introspección y meditación.

Estas mismas herramientas, me permitieron reconocer dones y talentos que disfrutaba desde pequeño, me refiero a la vocación de servicio, el diseño de soluciones y la optimización de los procesos —años después e inconscientemente, sin saberlo mi carrera profesional se basaría en esto mismo—. Por ejemplo, lo hacía a través de la logística de los camiones y el armado de los envíos a los clientes. Me encantaba hacer que todo cerrara a la perfección, y que el cliente recibiera en tiempo y forma su mercadería. A su vez, que el chofer del camión —ya fuera mi padre, mi hermano, un empleado o yo mismo— hiciera el recorrido óptimo, porque algo mal hecho implicaba pérdida de tiempo, más consumo de combustible, y desorganización del resto de los pedidos que esperaban ser enviados. Así que el negocio familiar, y así lo entendí siendo adulto, fue para mí una gran escuela de aprendizaje y acción. No puedo estar más que agradecido a todas esas vivencias que, en muchos casos fueron duras, pero que sirvieron para formar mi persona. Por eso, siempre recomiendo a los más jóvenes que en su formación consideren alguna labor de logística, porque produce una apertura mental invaluable para afrontar desafíos complejos que se presentan en la vida.

Mis padres siempre nos incentivaron a estudiar para que no vivamos lo que ellos vivieron. Mi padre, a pesar de ser muy inteligente y vivaz por aprender, no termino el nivel secundario porque debió empezar a trabajar. En el caso de mi madre, ni siquiera tuvo la oportunidad de empezarlo. También siendo adulto entendí lo que ellos vivieron y sus reiteradas insistencias para que estudiemos y no sigamos con el negocio familiar. Una parte de mi tenía ganas de seguir y llevarlo a una escala mayor para que trascienda lo familiar, pero otra parte escuchaba el consejo de ellos, y me decidí por este último. Así que llego el momento de elegir una carrera universitaria. Me invadía la culpa de haberle prometido a mi tan querida abuela Margarita que sería médico para cuidarla cuando ella sea viejita, pero su alma decidió partir cuando yo tenía 13 años, así que esa promesa ya no la sentía cumplir.

Eran los inicios de los 90's y empezaba con todo furor la era de la informática, así que con un grupo de amigos del colegio secundario nos inscribimos en esa floreciente carrera universitaria. El primer año fue muy duro y fui el único que sobrevivió del grupo de amigos. Así que mientras seguía trabajando en el negocio familiar empezaba a involucrarme, y apreciar cada vez más una carrera universitaria que no comprendía del todo, hasta que empecé a trabajar en empresas de las más grandes del país.

Una empresa cerealera me dio la oportunidad de ingresar como pasante, y allí estuve cerca de diez años. Ese fue un mundo totalmente nuevo, donde tuve que correr a un costado la mentalidad del negocio familiar, para integrarme de la mejor manera a un ámbito mucho más competitivo, profesional y metodológico. Me fui haciendo al andar, sinceramente había situaciones en el accionar de las personas que no comprendía, jefes buenos —otros no tan buenos—, reuniones largas —muchas aburridas—, tener un sueldo el primer día de cada mes, empezar a planificar a largo plazo, liderar equipos, manejar presupuestos, seguir normas, optimización de procesos y eficiencia de los sistemas, foco en la orientación a servicio para los usuarios de los sistemas informáticos, entre tantas otras funciones. Todas experiencias buenas que, también, pude comprender siendo adulto y que gradualmente comenzaba a asociar con mi formación anterior.

Durante los primeros años fui bendecido al tener un gran ser humano como jefe —a quien siempre llevare en el corazón—. Él, ante mi primer descontento con la compañía, me ofreció una nueva función. Desarrollar el área de Data Warehouse, y que más adelante seria conocida como el Área de Inteligencia de Negocios —en el rubro informático también conocida con las siglas BI, de Business Intelligence en inglés—. Esto marcó un nuevo rumbo en mi profesión y, por primera vez, la empecé a apreciar.

Ahora, me encontraba desarrollando tableros gráficos de comandos, y preparando información para la toma de decisiones del presidente de la compañía, los directores, gerentes y todo tipo de jefatura. Aprendí a trabajar con mucha presión y entender cómo piensan estas personas que tienen en sus manos la dirección de una compañía multinacional. Cómo y por qué tomaban las decisiones que tomaban. Participaba de reuniones donde se definían cuestiones muy importantes de la compañía y eso tenía que verse reflejado en los sistemas informáticos que tenía a cargo. Trabajé tanto tiempo con herramientas predictivas y asociativas de información que mi cerebro empezaba a asociar de la misma manera las partes ante un problema o situación que se me presentase —por cierto, toda la asociación de temas que hago en mis libros tiene su raíz en este aprendizaje que te acabo de contar—.

Siempre admire a aquellas personas, que siendo adolescentes definían con total convicción la profesión que querían desarrollar siendo adultos. En mi caso, sinceramente, no lo supe hasta los 33 años aproximadamente. Para todo eso ya tenía una profesión que si bien me gustaba no amaba, sentía cierta disconformidad, y era menos tolerante a ser liderado por jefes con valores y principios, totalmente distintos a los míos. Así que cuando ocurrió un episodio que contaré más adelante —y esto no sucede por casualidad o mala suerte—, fue un nuevo despertar en mí. Fue una inyección de vitalidad que me impulso hacia un nuevo propósito profesional, donde podría desempeñarme más a gusto con mi Ser, a través de mis dones y talentos que empezaba a descubrir.

Esto provocó que mientras avanzaba con mi vida, me encontré con mi Ser en total disconformidad. Una gran crisis existencial que puso en duda todo lo que había hecho hasta ese momento —profesión, pareja, familia, amigos, finanzas, salud, religión, todo—.

La transición desde ese momento, hasta el inicio de la escritura de esta serie de libros, llevó diez años. En medio, el proceso fue muy intenso:

- Por varios años realicé un proceso personal de autoconocimiento para saber quién era y así dar con el primer vislumbre de mi propósito de vida, el cual me guía en cada paso de mi proceso de sanación y crecimiento personal. Para ello, practiqué diversas terapias para entender quién era y así conocerme: trabajos de introspección, regresión a vidas pasadas, constelaciones familiares, apertura de registros akáshicos, ayahuasca, reprogramación cuántica, conexiones multidimensionales con almas guías, ángeles y mi yo superior, decodificación emocional y árbol transgeneracional, retiros y lecturas sagradas de grandes maestros, entre tantas otras.

- Definí valores y principios de vida con los cuales mi alma se siente plena y potencian mi transitar, y la misión que se manifiesta a través de mí.

- Replanteé y redefiní mis relaciones: pareja, familiares, socios y amigos. Lo hice desde otro lugar, en el cual ambas partes nos pudiésemos empoderar. Con aquellas que estuvieron de acuerdo mantengo una próspera relación. Con el resto, preferí respetar sus procesos personales, agradecer lo vivido y desearles lo mejor para sus vidas cerrando ciclos desde el amor, mientras sigo mi camino.

- Tomé las riendas de mi salud modificando mi alimentación, meditando, haciendo el profesorado de Hatha Yoga y equilibrando mi actividad física. De esta manera transforme la realidad parcial que me ofrecía la medicina tradicional al tener que estar medicado de por vida.

- Me inicie en la ciencia de la meditación de Kriya Yoga[1].

- Pasé de no leer libros a leer más de treinta libros al año.

---

[1] https://www.kriya.org/

- Me capacité con grandes maestros y especialistas internacionales de distintos temas que me interesaban, tanto desde lo profesional, financiero, negocios y emprendedurismo como en el ámbito del desarrollo personal, la salud, las relaciones y en lo espiritual.

- También como terapeuta holístico y transpersonal integrando las formaciones de: Postgrado en BioNeuroEmoción[2], Master Coach de Vida, Organizacional y Liderazgo Ejecutivo[3], Mentor Coach en Eneagrama Sistémico y Profesional[4], Neurociencias & PNL, Constelaciones Organizacionales y Sistémicas, Psicogenealogía, Decodificación Emocional y Ambiental, Reprogramación Cuántica, Feng Shui[5], Radiestesia y Geobiología, Técnicas de Canalización y Simbología Sagrada, Metafísica y Ley Física del Desdoblamiento del Tiempo, el Espacio y la Materia[6], Epigenética y Biología Sistémica para el Cambio Evolutivo, Hatha Yoga, Kriya Yoga, Reiki, Runas, Geometría Sagrada, Ayurveda, Alimentación Cetogénica, Naturista y Super Alimentos, etc.

- Decidí mirar muy poca TV, y elegir el contenido según el aprendizaje que me ofrece.

- Inicié emprendimientos y me involucré con otros que no prosperaron.

- Definí un plan financiero y de vida que me trascendiese.

- Dejé de endeudarme de mala manera, y pude crear mis primeros activos para avanzar hacia la libertad financiera.

- Empecé a considerarme parte de la humanidad —y también considerar a la humanidad parte de mí—, lo que me llevo a iniciar tareas y proyectos enfocados en brindar ayuda social y servicio a la humanidad.

- También empecé a reciclar toda la basura que produzco, y hacer mi aporte para el cuidado del medio ambiente.

- Después de cerca de dos décadas como empleado, en empresas multinacionales, redefiní mi vida profesional e inicié mi carrera como consultor independiente, experto en inteligencia empresarial y procesos de negocios. Así logré administrar mejor los tiempos para dedicarlo a mi desarrollo personal y espiritual, a mi familia y a mis proyectos personales.

- Poco tiempo después, y en plena crisis económica Argentina, creé mi primera empresa llamada ADN Empresarial Consulting

---

[2] En el Enric Corbera Institute

[3] En OBS Business School de la Universidad de Barcelona, España.

[4] Directora: Lucia Inserra. Sitio web: https://www.uconciencia.org/eneagrama-sistemico

[5] Directora: Patricia Traversa. Sitio web: http://www.fengshuiprofesional.com/

[6] Correspondiente a Jean-Pierre Garnier Malet

(www.ADNEmpresarial.biz/index) —basada en los mismos valores de vida que definí— para acompañar a líderes, equipos de trabajo y a empresas hacia una nueva fase de evolución que requiere este momento de la humanidad. De esta manera podrán transformar su realidad desde adentro hacia afuera logrando un crecimiento integral y consciente.

- Y luego de haber trabajado por más de una década en mi desarrollo personal, espiritual, y autoconocimiento, pude integrar todo el conocimiento en los servicios que brindo a los consultantes a través de métodos innovadores llamados BioNeuroAssessment® (www.BioNeuroAssessment.com), BioNeuroManagement® (www.BioNeuroManagement.com), BioNeuroCoaching® (www.BioNeuro-Coaching.com) y Decodificación Emocional® (www.DecodificacionEmocional.com), enfocados en organizaciones, ejecutivos, líderes y personas interesadas en superar los retos y las dificultades que no les permiten alcanzar su máximo potencial.[7]
- También inicié un proyecto personal como empresario digital en la era de la información —InfoEmprendedor— creando infoproductos digitales: libros, video cursos y webinars, además de servicios integrales de coaching y mentoring.
  Entre otras tantas cosas que mi alma y mi corazón ofrecían.

A lo largo de 20 años dirigí proyectos, y diseñé soluciones, para empresas multinacionales cerealeras, petroleras, consumo masivo, seguros, bancos, constructoras, belleza, salud, comunicaciones, gobierno, entre otros. Todo esto me dio la posibilidad de comprender muchas realidades diferentes, y aprender a convivir con ellas.

Sinceramente, no he tenido una vida dolorosa y de sufrimientos como les toca vivir a otros seres. Dios ha sido muy generoso conmigo, así que mi responsabilidad es aprender, asociar e integrar desde otro ámbito: la conciencia. Y, desde allí, mostrar al mundo como puede ser aplicada en cualquier ámbito de la vida. También analizar en forma asociativa e integradora muchas realidades, así como vivenciar experiencias que me permitieron tener un panorama amplio para formar una visión del Todo —en un mundo lleno de especialistas y con una visión fragmentada— y así poner en duda todo aquello que estaba preestablecido en el gran sistema que vivimos.

---

[7] Decodificación Emocional, BioNeuroCoaching, BioNeuroManagement y BioNeuroAssessment son marcas registradas por Silvio Santone

Me identifico con el rol que me dio un amigo al definirme como un integrador que ve el Todo y que, desde mi pragmatismo, diseño soluciones conscientes, aplicables en la vida cotidiana. Por eso creo que quien logra ver un problema o una falla en el sistema, y a partir de ello brindar una solución holística e integradora, se puede volver un Ser que aporte gran valor a la humanidad —más allá de que a algunos integrantes del sistema les resultes una amenaza—.

Cada parte del proceso ha sido muy enriquecedora y ha permitido que mi Ser expanda su potencial y se eleve a nuevos estados de conciencia. Ello me permitió comprender que a este mundo venimos a hacer para ser. Que en la nueva era de la conciencia las formas importan, y solo servirá hacer con conciencia, hacer desde el Ser.

¿Por qué? Porque cada acto que realizamos tiene un impacto infinito que no podemos predecir al inicio de la primera acción. Ello nos permite comprender que cada acto es valiosísimo desde el momento de su concepción —el pensamiento que le dio origen— y que el verdadero logro de nuestra vida tampoco lo podemos predecir —nos trasciende—.

Pero vayamos ahora al momento disparador que diez años después me permite estar aquí sentado y escribiendo esta serie de libros. Como expresé en el capítulo *"El factor conciencia aplicado a la salud"* del libro *"El Factor Conciencia"*, el cuerpo expresa perfectamente nuestro estado emocional y nos lo hace saber de una manera muy notable.

En esos momentos tenía síntomas que no atendía, o los minimizaba, hasta que un día el aviso se hizo notar. No había otra opción que parar y rever mi estilo de vida. Entonces en marzo del año 2007, mientras jugaba al futbol con amigos, el tendón de Aquiles de mi pierna derecha se cortó. No sabía que existían ese tipo de lesiones hasta que el médico me lo hizo saber. También dijo que tendría que estar tres meses inmovilizado con múltiples yesos, y luego vendría una recuperación de otros tantos meses más.

En un solo instante, todos los proyectos laborales que estaba liderando en la empresa que me empleaba estaban en riesgo. Venía envuelto en una vorágine de proyectos, y encarando una gran carrera profesional, siendo el jefe más joven dentro del área de sistemas de dicha empresa. Al mismo tiempo que había terminado de construir mi primera casa, me había casado hacía pocos meses con quien sería la madre de mi hijo Martiniano, estaba muy endeudado, no toleraba determinadas actitudes de las personas, discutía y me enfermaba seguido, y gran parte de lo que comía me sentaba mal.

No sé si has tenido ese punto de inflexión que hace que todo cambie en tu vida. En mi caso, me estaba sucediendo y lo entendería tiempo después. Mi cuerpo me puso un freno a cómo me venía manejando, y me dio varios meses de reflexión y replanteo de todo lo vivido y realizado hasta el momento. A su vez, el inconsciente, seguramente acompañado con alguna señal de Ángeles y Guías que colaboran en mi aprendizaje, hizo que días antes del corte de tendón ingresara a una librería y comprara libros que no conocía, pero que llamaron mi atención, y cambiarían el resto de mi vida. Esa perfecta combinación de *"tiempo disponible + soledad + tranquilidad + libros"* hizo que mi vida cambiara, poniendo en duda todo lo que venía realizando, y escribiera esta serie de libros diez años después.

Esos meses formaron parte del primer salto cuántico que experimente en mi vida. Seguido y superado luego por la experiencia de presenciar el nacimiento de mi hijo Martiniano y ser padre. Y, por último, otro salto cuántico importante se produjo cuando llegó a mi vida —de la mano de Raimon Samsó— el término *"Conciencia"*, el cual sería el elemento clave que necesitaba para que todas las piezas del rompecabezas encajasen a la perfección.

En general, en las obras de teatro o en las películas, existe un hilo conductor o línea argumental que une todos los elementos de la obra. Haciendo una similitud con ello, entendí que la conciencia seria la línea argumental de la vida, la cual mantiene conectadas todas sus piezas.

El armado del rompecabezas no fue rápido ni fácil. Requirió mucha dedicación, introspección, investigación, comprensión, observación, reflexión práctica y experimentación. A medida que avanzaba en un tema se habría un abanico de opciones sumado a otros temas relacionados que desconocía. Así, cada tema implicó muchos libros, videos, audios y contratar servicios de especialistas —cursos, talleres, sesiones particulares, entre tantos otros—, para finalmente formar un concepto integral que considere a la vida como un Todo.

El gran desafío fue unir las partes porque cada especialista tenía una visión fragmentada de la vida: quien era especialista en temas de espiritualidad no sabía responderme sobre emprendedurismo, finanzas e inversiones. Quien era un especialista en economía no consideraba la conciencia como una opción. Quien era especialista en psicología o medicina no consideraba nuestra esencia espiritual y, menos aún, la existencia de vidas pasadas. Y así tantas otras combinaciones diferentes, y con visiones fragmentadas, que coexisten en la sociedad.

Durante el proceso me decía: Toda persona que quiera saber el verdadero significado de la vida ¿Tiene que aprender todo esto? ¿Tendrán la constancia y determinación para hacer semejante esfuerzo? ¿Y mi hijo, tendrá que hacer lo mismo? Todas preguntas que al responderlas dieron forma a un proyecto que inicialmente no me había propuesto, pero que, con el paso del tiempo, fue sintonizando con mi alma y mi propósito de vida.

En ese proceso hubo tres etapas claramente diferenciadas que resumen la historia de esta serie de libros:

- Inicialmente, vi oportuno dejarle a mi hijo una base de conocimiento integral. Entiendo que él recorrerá su propio camino, ahora creo que este le será más sencillo si lo hace acompañado de instrumentos que sean holísticos y fáciles de comprender.
- Luego, mientras avanzaba en la escritura, entendí que estaba cubriendo una búsqueda y necesidad personal. Estos son el tipo de libros que me hubiese encantado recibir en el inicio de mi camino de desarrollo personal.
- Más tarde entendí que estos libros no eran míos, sino que se escribían a través de mí, y me pregunté: ¿Por qué limitar este instrumento a mi hijo y a mí? Entonces, dejó de ser personal y se transformaron en instrumentos que pueden aportar valor a la humanidad.

Hubo versiones preliminares —manuscritos, ensayos— que fueron la base de esta serie de libros. Una primera versión quedó plasmada en una serie de apuntes llamados: *"La felicidad en una mesa"*. Básicamente, cada pata de la mesa era un aspecto de la vida del ser humano —salud, familia, profesión, finanzas, entre otros—. La tabla de la mesa representaba la felicidad plena o integral —esta no es posible si alguna de las patas está endeble—. En general, las mesas tienen cuatro patas y los aspectos de la vida del ser humano son muchos más. Entonces, ¡título del libro descartado!

Este ensayo privado eran anotaciones que canalizaba en cualquier horario y lugar. Despierto o durmiendo, no importaban, solo venían y las anotaba. Eran pequeños párrafos sueltos y los iba acumulando por temas.

Durante el año 2016, mientras me encontraba liderando un proyecto para un cliente, empecé a darme cuenta de que no paraban de bajar textos, y que tenía mucho material. Allí empecé a sentir la necesidad de encerrarme unos meses, y transcribirlo todo para darle un formato más amigable. Entonces, un día pedí una señal clara para animarme a dar el paso y esta llegó inmediatamente. Así fue como terminé mis tareas pendientes en el proyecto, y avise que no estaría disponible por tres meses.

Ese encierro y espacio creativo derivó en otro ensayo público, con forma de libro, al que llame: *"Mapa de Vida Consciente: Hacer desde el Ser, hacer con conciencia"*. En forma totalmente autodidacta, lo diseñé con mapas mentales.

También me permitió crear una herramienta gráfica para mejorar mis sesiones de coaching. Este ensayo me brindó muchas oportunidades: crear un ciclo de conferencias y talleres enfocados en la conciencia, dar mis primeras charlas, y conocer muchísimos seres maravillosos que me ayudaron y avanzan en el mismo camino. Por eso, siempre estaré eternamente agradecido a este ensayo porque abrió muchas puertas y fue la base de esta serie de libros.

Finalizando la historia, meses después, mientras me capacitaba con Raimon Samsó, sentí que debía ir un paso más allá. Hacerlo más profesional, sumar más información y que fuera más simple aún. Entonces, guiado por Raimon, y mi deseo de mejorar, me dispuse a cambiarlo todo. Y así fue como nació el primer libro de la serie: *"El Factor Conciencia"*. Seguido luego por libros como *"Principios del Ser Consciente"*, *"Tus Horas Milagrosas"*, *"El Poder del Propósito de Vida"*, *"El Trigrama del Autoconocimiento"*, *"Salto Cuántico"*, *"El Gran Viaje del Alma"*, *"El Método Élite"*, entre otros. Algunos de ellos en desarrollo.

Esta serie de libros refleja la mejor versión de mis pensamientos, todos productos de mi estado conciencial actual. Puede que mañana mejore algunos de los conceptos aquí mencionados. Si esto sucede es porque mí Ser ha crecido y mi conciencia expandida. Al mirar hacia atrás, no hay de que arrepentirse cuando avanzamos en nuestra sanación y crecimiento.

Considero que a este mundo vinimos a hacer para Ser. Entonces, busqué integrar conciencia y realización para probarlo. Esta serie de libros tiene una fuerte base espiritual —la conciencia—, pero al mismo tiempo son muy pragmáticos. Me encanta el misticismo de la espiritualidad, pero entiendo que muchos seres no la consideran una opción porque no saben cómo integrarla a su vida cotidiana. También entendí que esa es parte de mi misión profesional, y sobre ello he puesto principal atención en cada producto y/o servicio que ofrezco a la humanidad.

Bien, ahora llega la parte más desafiante de este libro. Integrar conciencia y realización, propia de este plano. Lo que me gusta llamar: *"Acción Consciente"*.

¡Que lo disfrutes!

Parte I: LA TRINIDAD SAGRADA DEL SER

Capítulo 1: **Las tres misiones trascendentales para cumplir con el propósito de vida**

*"Por el poder del tres veces tres, y por el poder de la divina presencia de Dios,
Yo Soy ÉL, Yo Soy el Todo, Yo Soy la Unidad.
Pido que mil soles iluminen mi camino para el cumplimiento de mi
sagrada misión en La Tierra, y muy especialmente pido que se manifieste
a través mío el gran amor de Dios, llenando de aquí en adelante mi vida
de paz, amor y abundancia.
Por todo ello quedo eternamente agradecido.
¡Gracias, Gracias, Gracias!"*

Agradecimiento e intención diaria

Tres veces tres

Aun viviendo circunstancias difíciles estamos transitando nuestro propósito de vida. El propósito no es una meta a alcanzar sino un proceso a transitar. Es un camino de aprendizaje que reconocemos como propio y asumimos con total convicción desde el Ser.

Una vez conectado con este, nos proponemos transitar un camino que impacta profundamente en nuestro Ser y lo enaltece. No hay alivio más grande para el Ser que encontrar su propósito, y empezar a ser lo que se es. Todo lo demás queda como algo efímero. Alinearse al propósito tiene que ver con ser verdaderamente íntegro y auténtico con uno mismo, y su esencia. Reencontrarse con el verdadero motivo que originó su llegada a este plano.

Como en todo proceso de aprendizaje existen etapas en soledad y otras con seres afines que asumen ese propósito como propio y colaboran en su concreción —inclusive si la causa trasciende la vida de quien la origina—.

Ahora, ¿Dónde se origina este proceso que cada alma debe transitar en este plano? El origen lo encontraremos elevando la mirada —o también yendo a nuestro interior—. Si bien asumimos un propósito que pareciera nuestro, este en realidad pertenece a la gran conciencia, Dios. Si bien lo explicaré en detalle en el libro *"El Gran Viaje del Alma"*, veamos de que se trata todo esto.

Esta gran mente creadora, consciente de sí misma, inicia un proceso de autoindagación, expansión y evolución creando todo lo que conocemos como Universo. Esta gran conciencia a partir de su pensamiento evolutivo se expresó hacia el afuera para experimentar todas sus potencialidades.

Es así que el planeta Tierra es un gran campo de experimentación —así como otros mundos— en el que Dios está jugando su juego y lo hace a través nuestro. Somos chispas divinas de su creación y actuamos como instrumentos divinos para experimentar en el juego. Toda experiencia y aprendizaje nutre a la gran mente cósmica en su proceso de evolución y, de alguna manera, crea realidades constantemente para entenderse a sí misma.

Como veras en la siguiente imagen, la trinidad del Ser está formada por:

- **Espíritu:** ondas vibratorias en forma de luz y sonido
- **Alma:** energía formada a partir de los átomos generados por las ondas vibratorias.
- **Materia:** cuerpo formado a partir de la energía densificada.

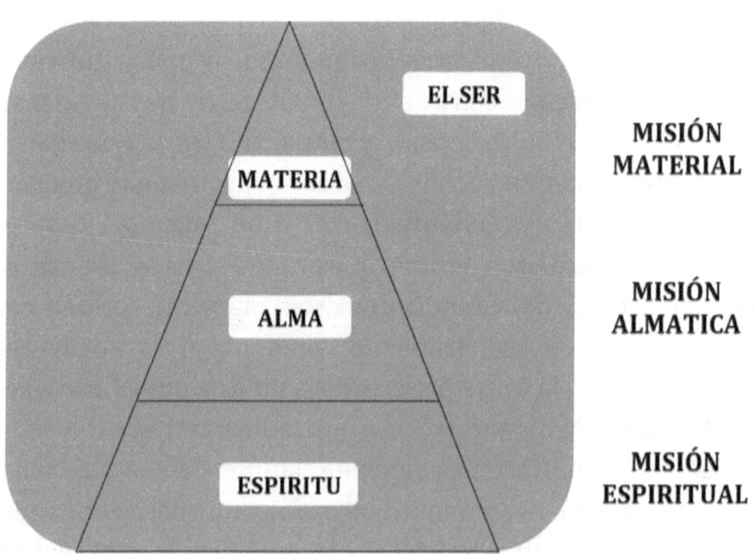

Las tres son manifestaciones de la gran conciencia, Dios. Siendo el espíritu la conciencia vibracional que lo conecta absolutamente todo y atraviesa todos los campos dimensionales, las almas y la materia. Todo es Dios. Dios es todo. Es así que espíritu, alma y materia deben integrarse para cumplir el gran propósito en esta vida.

Entendiendo el origen, ahora podremos concluir que el propósito de vida también se descompone en una trinidad divina y perfecta compuesta por un conjunto de tres misiones trascendentales y del que nadie está excluido:

- **Misión espiritual** → Evolución conciencial
- **Misión álmica** → Relaciones conscientes
- **Misión material** → Profesión consciente y recursos materiales

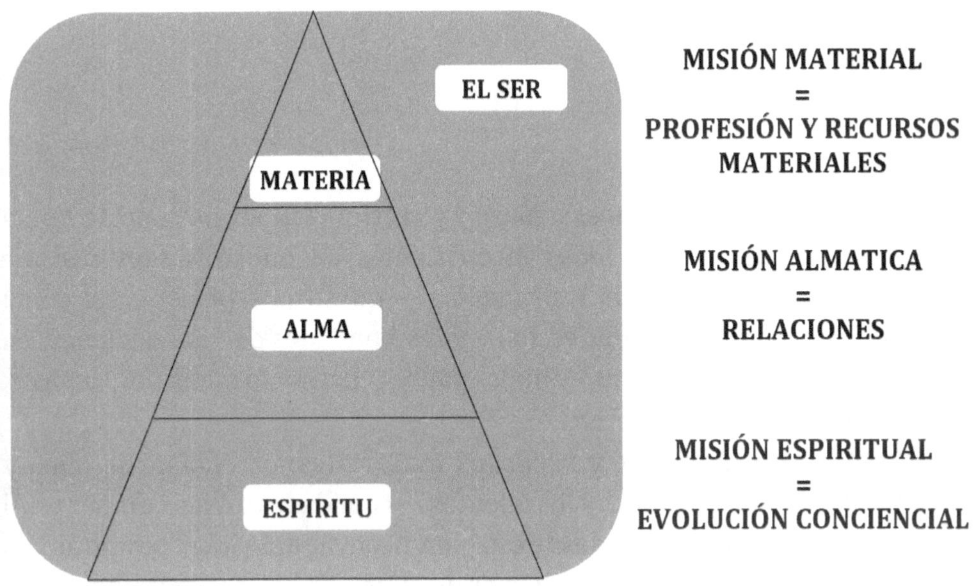

Todas ellas son misiones necesarias para lograr: felicidad con plenitud, autorrealización, sabiduría y liberación de este plano —el verdadero éxito de la vida—.

Estas misiones no son únicas, más bien son procesos compuestos por muchas experiencias. De alguna manera, pequeñas misiones temporales a lo largo de la vida —agrupadas en los ciclos evolutivos conciénciales como los mencionados en la introducción— que suman a la concreción del gran propósito de vida. Aceptando nuestra esencia y con ello nuestra misión podremos dar con el vislumbre que nos permite entender claramente porque existimos en este aquí y ahora.

Al integrar esta trinidad en nosotros se produce un efecto mágico y divino de aclaración y discernimiento que nos abre la puerta para aquello que tanto desea el Ser: la autorrealización y liberación de este plano. Entonces, desde esta concepción podremos empezar a comprender, y aceptar, la trinidad de la misión de vida desde la 3ra dimensión, y ello se verá reflejado en los tres aspectos más importantes de nuestra misión:

- **Evolución conciencial:** producto de la sanación de los miedos y creencias inconscientes que limitan nuestro potencial. Y, con ello, el crecimiento que esta sanación produce. Este proceso de sanación y crecimiento implica trabajar en nuestro Ser. Luego se verá reflejado al sentirnos en armonía a partir de un mayor equilibrio espiritual, mental, emocional y corporal.

- **Relaciones conscientes:** sanación y crecimiento en forma colectiva a través de las proyecciones inconscientes de nuestras sombras que realizamos a través de los vínculos —nuestros espejos—, así como también el experimentar el amor y las bondades de las relaciones, en cualquiera de sus roles —hijos, padres, hermanos, abuelos, amigos, compañeros de trabajo, etc.—.

- **Profesión consciente y recursos materiales:** profesión con alma y corazón desde los dones y los talentos —cualidades divinas del Ser—. Al desarrollar la profesión desde esta perspectiva se abrirá el campo áurico de la abundancia material a partir de la atracción energética de dinero feliz. Por supuesto, se requiere saber administrarlo, invertirlo y compartirlo de múltiples formas para ayudar al avance conciencial de la humanidad.

A su vez, es importante comprender el peso energético y el impacto de cada misión en los planos dimensionales —desde la 1ra a la 9na dimensión—:

- **Misión espiritual** → Tiene un peso energético, aproximado, del 72% de nuestra labor a través del propósito de vida, e impacta en todos los planos dimensionales.

- **Misión álmica** → Tiene un peso energético, aproximado, del 27% de nuestra labor a través del propósito de vida. Y, si bien impacta en todas las dimensiones —todo está conectado—, su mayor impacto es en la 3ra, 4ta y 5ta dimensión.

- **Misión material** → Tiene un peso energético, aproximado, del 1% de nuestra labor a través del propósito de vida. Y, si bien tiene un impacto en todas las dimensiones —todo está conectado—, su mayor impacto es en la 3ra dimensión.

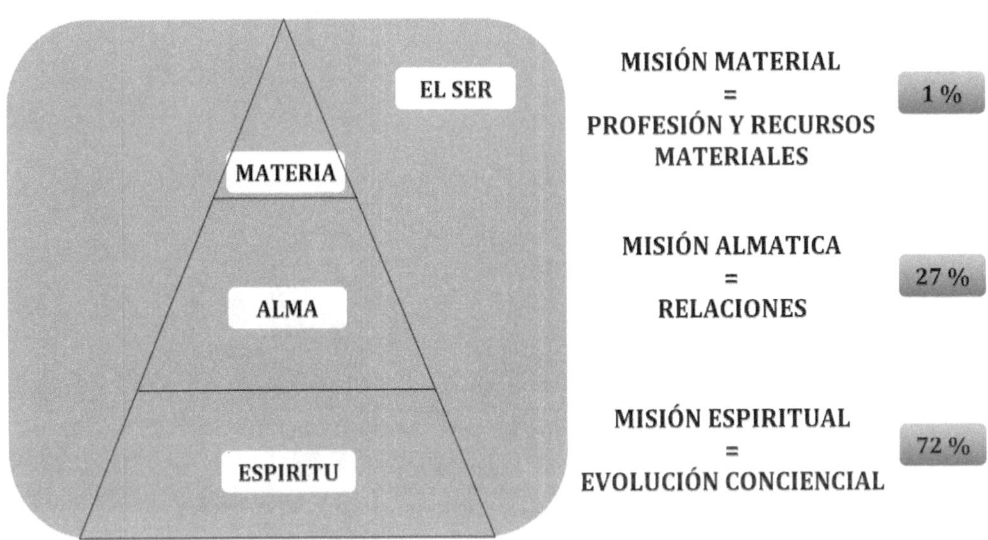

Aunque desde la mirada condicionada de los seres que no han despertado y se encuentran regidos por el ego y los miedos, estos valores se invierten y se exacerban creyendo que la profesión, el dinero y lo material hacen al propósito de vida.

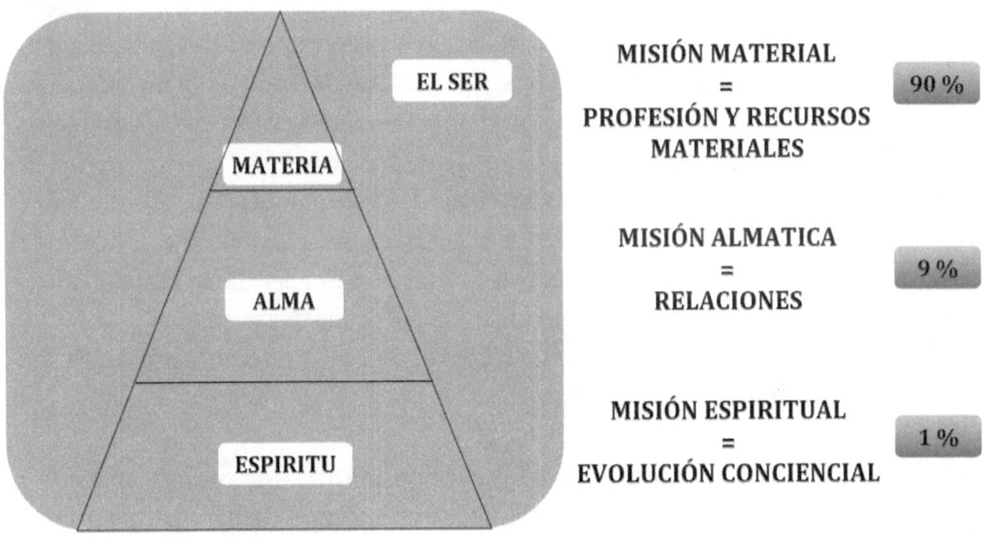

A continuación, veremos cómo enfocar el propósito de vida a partir de la Ley Universal de Causa y Efecto para así lograr la gran misión del alma en este plano. Ese gran efecto resultado te lo develaré hacia el final del libro porque se requiere transitar los capítulos intermedios para tomar total dimensión del alcance de cada misión de la trinidad.

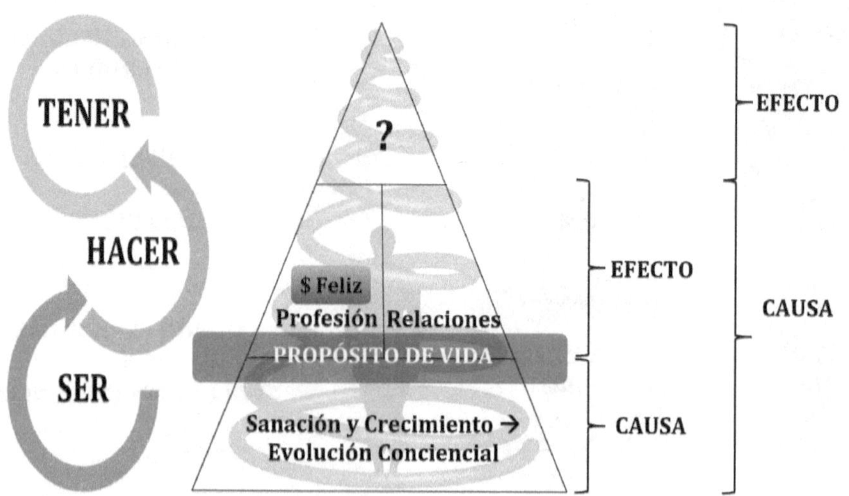

Aun viviendo circunstancias difíciles estamos transitando nuestro propósito de vida. El propósito no es una meta a alcanzar sino un proceso a transitar. Sucede que cuando tomamos conciencia de él, nuestra visión de la vida cambia y nos sentimos plenos.

Allí radica un gran motor energético que nos moviliza a diario. Este es el verdadero motor que sustenta toda acción, lo reconozcamos o no. Nada de lo que hacemos se sustenta en la nada misma, todo tiene un impulsor y un motivo. Y que, desde el inicio, se manifiesta como una llamada o una voz interior —el alma— que nos direcciona hacia el propósito de nuestra vida.

Esa seguridad interior nos permite trascender los desafíos de mejor manera que si fuéramos agnósticos. Ese acto de fe y convicción que nos moviliza a diario es la base en que sustenta la acción del Ser Consciente. Todo lo demás es producto del ego y, como tal, es superficial y perecedero.

Como vimos anteriormente, este proceso requiere experimentación en tres ámbitos trascendentales de nuestra vida:

- **Sanación y crecimiento para lograr evolución conciencial:** un gran paso sobre el autoconocimiento y la salud integral del Ser para lograr equilibrio y armonía integrando las dualidades y sombras, mientras transformamos el ego.
- **Relaciones conscientes:** somos seres que necesitamos relacionarnos —espejo, proyecciones y sombras— para sanar y crecer. Una parte de este viaje se hace en soledad, pero otra parte importante es en compañía

de otros. Nadie está exento de este aprendizaje colectivo —inclusive quien diga que disfruta mucho de su soledad—.

- **Profesión y bienes materiales:** brindar valor a la humanidad a partir de nuestros productos y/o servicios, mientras utilizamos nuestros dones y talentos, y así generamos dinero de alta vibración energética —dinero feliz— para invertirlo en bienes materiales necesarios para proyectos de todo tipo.

El primer gran propósito de cada uno es sanarse a sí mismo, para crecer —evolución conciencial—. Después vendrá esa misión que sea más visible públicamente y que impacte de mayor forma a la humanidad. Muchos suelen creer que su misión está relacionada con algo exterior como brindar servicio, ayuda comunitaria, salvar el mundo y realmente están muy lejos de ello, especialmente al inicio del camino.

Tu propósito principal, y que requiere el 80% de tu energía, es: tu autoconocimiento para sanar, crecer y transformar tu realidad de manera consciente. Ello implica trascender los miedos, las creencias limitantes, perdonar, acallar el ego, enfocarnos en el amor. Luego viene todo el resto según la capacidad del alma —resultado de sus experiencias en vidas pasadas y las semillas karmáticas positivas que ha acumulado—.

El propósito principal de la vida es netamente personal, y requiere el 80% de la labor. El 20% restante es lo que trasciende públicamente y puede ser de alcance masivo —comprende a las relaciones, la profesión y lo que esta genera en forma material—.

Lo que podemos brindar a otros seres será de un impacto mucho mayor cuando asumimos la gran labor de enfocarnos en nuestro proceso de autoconocimiento, sanación y crecimiento interior. A su vez, podemos restar karma negativo que arrastramos de otras vidas. Si nos ocupamos de sanar, perdonar y amar en esta vida podemos restar muchas vidas futuras.

Todo crecimiento en la parte de la misión espiritual lleva seguido un crecimiento en la misión almática y la misión material. Puede haber momentos diferentes, pero inevitablemente tendremos que pasar por esos ámbitos para evolucionar en forma integral.

Siempre estás en sintonía con experiencias cotidianas en las tres misiones, pero hay una que es la prioritaria en determinado momento de la vida. Luego todo se acomoda y se equilibra. En mi vida ha sucedido de tener dos años con foco en lo espiritual, al año siguiente foco en lo profesional y al siguiente foco en las relaciones, para luego entrar en un año donde todo se equilibra perfectamente. Al entrar a cada etapa llevas internalizado en tu Ser todo lo que has aprendido con las misiones anteriores y lo aplicas en la nueva etapa o misión ¿Has sentido algo parecido alguna vez? Sino haz trabajos de introspección uniendo los puntos del pasado y seguramente podrás identificar situaciones parecidas.

Es importante respetar tus momentos porque si no atiendes en el momento justo lo que se te presenta, pueden acumularse sensaciones desagradables y situaciones que deriven en una crisis de algún tipo porque es un momento que se te requiere para algo especifico y tu ego te está llevando hacia otro lado que origina los *"problemas"*.

Como muestra la siguiente imagen, el centrarse en el proceso de sanación y crecimiento —evolución conciencial— es el efecto de la causa. Nuestro proceso de transformación impactará en el ámbito de las relaciones y en la profesión.

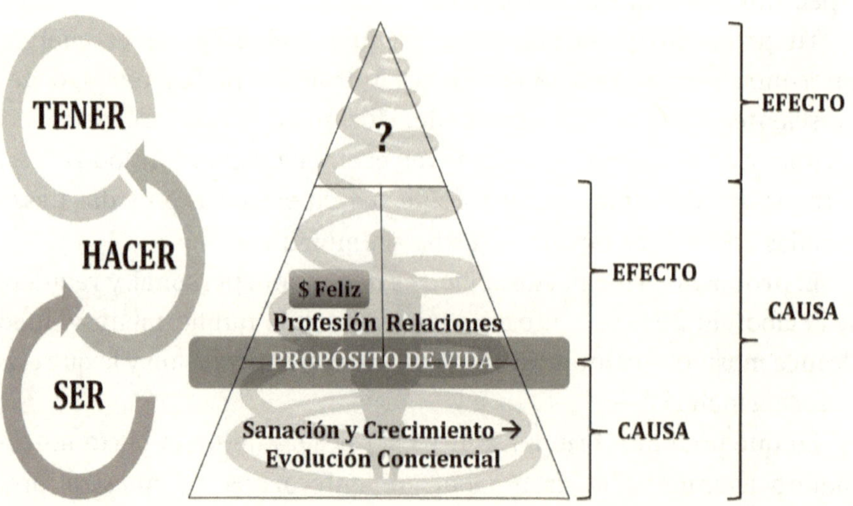

A su vez, a partir de ejercer una profesión consciente empezará a fluir hacia ti la energía de la abundancia de muchas formas y una de ellas será lo que mi amigo Raimon Samsó llama *dinero feliz*[8].

Un Ser que aplica el factor conciencia al dinero solo acepta en su vida la llegada de dinero feliz, dinero bien ganado, libre de karma y sufrimientos —inclusive si se trata de una herencia—. Y, a su vez, lo da con alegría.

Como veras en la imagen, de esta manera está conformada la trinidad del propósito de vida, y la pirámide se construye de abajo hacia arriba. Se empieza por los cimientos que darán soporte a todo lo que se construya después. De esta manera soportará tempestades y será realmente genuino.

____

[8] Libro "Dinero Feliz", de Raimon Samsó, Ediciones Obelisco, 2013, Edición digital Amazon Kindle.

En esta trinidad aplica una primera instancia de la Ley Universal de Causa y Efecto. La segunda instancia toma a toda esta trinidad como la causa que dará como resultado un efecto sutil pero mucho mayor que nos trasciende como seres individuales. Sobre ello te hablare más en detalle hacia el final del libro.

En la imagen, tambien podrás observar cómo podemos asociar el principio universal de SER→HACER→TENER con cada instancia de la trinidad del propósito de vida y su efecto último. Como veras está totalmente relacionado a los esquemas SER→HACER→TENER presentados en el libro *"El Factor Conciencia"*:

- **SER** → Misión espiritual → Proceso de sanación y crecimiento → Evolución conciencial → aproximadamente el 80% de nuestra labor
- **HACER** → Misión almática + Misión material → Relaciones conscientes + Profesión consciente + Dinero Feliz → aproximadamente el 20% de nuestra labor
- **TENER** → Es el efecto ultimo y sutil que nos trasciende y depende exclusivamente de la divinidad y a partir del impacto energético de lo que hagamos en las instancias del SER y el HACER. Pero como te comenté antes, lo veremos hacia el final del libro.

Esta trinidad sagrada del propósito de vida que te he presentado es la base en la que se sustenta la felicidad plena y es el potencial al que estas predestinado, si así te lo propones.

¿Qué te parece si, en los próximos capítulos, seguimos avanzando juntos hacia el descubrimiento de esa felicidad con plenitud?

Tres aprendizajes que me ha ofrecido el capítulo:

1) ....
....
2) ....
....
3) ....
....

Otras notas destacadas del capítulo:

....
....
....
....
....
....
....
....
....
....
....
....
....
....
....
....
....
....
....
....
....
....
....
....

Capítulo 2: **¿Tenemos un destino predestinado?**

"Mas allá de todos mis errores y mis fracasos
Mas allá de darme por valiente y no bajar los brazos
Mas allá del brillo, de la gloria, lo que hablen o no hablen de mi
Mucho me costó, pero comprendí
Al final no queda nada más que lo que soy
Nada me condena, donde va el camino voy…"

Abel Pintos - Lo Que Soy

La valentía de esta era implica dejarse guiar por la voz interior. Hay una llamada interior que asocia nuestro poder interior con un propósito, este último fundamenta toda acción que realicemos. La creencia en ese propósito de vida que nos trasciende sustenta todo nuestro accionar en este plano.

Creer en ti se traduce en creer en la esencia que reside dentro de ti. Todo lo demás es superficial, perecedero y condicionado a este plano con todas sus limitaciones. Creer en esa esencia dentro de ti significa despersonalizar la creencia entendiendo que no eres tú quien lo realiza, sino que es tu Ser a través de ti. Así lograrás libertad de apego, y transformación del ego.

En ocasiones me han preguntado ¿Qué sucede cuando el propósito de vida no es alcanzado por el alma? Es una gran pregunta que merece un apartado aparte porque son muchas las variables que influyen en la concreción del propósito de vida. La más importante es el *"libre albedrio"* de cada Ser para llevarlo a cabo según su sentir en su estado conciencial —ambos están condicionados por las creencias limitantes y los programas inconscientes—.

Esto nos da la pauta de lo que llamamos *"libre albedrio"* está regido por nuestro inconsciente que lidera las decisiones —aproximadamente, en un 97 %—. Sabiendo esto ¿Realmente tenemos *"libre albedrio"*?

Creo que nos merecemos replantear el concepto de libre *"libre albedrio"* entendiendo que somos seres condicionados y tomamos las mejores decisiones según nuestro estado de condicionamiento inconsciente de ese momento de la vida —estado conciencial de ese momento—.

Quien despierta a su esencia espiritual asume más responsabilidades sobre su transitar y el impacto que generara en el mundo. El despertar significa ser consciente de tu accionar en cada momento y comprender que todo lo realizado te trasciende como ser individual.

Entendiendo esto, saber el propósito de vida y no llevarlo a cabo puede generar situaciones de malestar porque el alma entiende que algo no va bien en su transitar por este mundo. Si bien son menores los casos de los seres que habiendo dado con su propósito no lo llevan a cabo, el estado conciencial —con su respectivo nivel de miedo— termina prevaleciendo para que no se concrete.

El gran nivel de miedos inconscientes que cada Ser acarrea y que necesita sanar para crecer es un poderoso obstáculo inicial para avanzar con la misión de vida. Esto nos da la pauta de la importancia que tiene la base de la triada divina que te he mencionado en el capítulo anterior. Es la parte más dura del proceso porque debemos enfrentarnos con todos nuestros miedos inconscientes, pero a su vez es la parte que más bendiciones traerá a nuestra vida si la desarrollamos con una sana convicción y fe.

Para los creyentes en vidas pasadas, cabe aclarar que el alma encarnará tantas veces como sea necesario hasta cumplir su aprendizaje —sanar y crecer los miedos y programas inconscientes—. Siendo así aprovechemos el tiempo que se nos concede en esta vida, en este aquí y ahora. No desperdicies esta vida.

También me han consultado ¿Qué sucede si estoy avanzando con mi propósito de vida y me ocurre un accidente fatal? Es muy probable que ese accidente forme parte de ese plan prenatal elaborado con las almas del círculo íntimo familiar porque, en algunas ocasiones, estas experiencias que requieren del sacrificio físico de algunos, tienen un impacto de aprendizaje profundo en otros. En estas ocasiones el alma ha cumplido con su propósito de vida a partir de dejar su legado que ha impactado en el proceso de sanación y crecimiento de otros seres. Son misiones especiales para el bien colectivo del entorno.

Ahora, en el caso de accidentes que surgen como consecuencia de haberse desviado del camino del propósito de vida, se ve reflejado una falta de autovaloración de la propia vida. Esto produce que el plan no sea alcanzado y tenga que ser completado en una vida posterior.

Por lo general, suele quedar algo inconcluso del plan prenatal del alma y está relacionado al proceso de sanación y crecimiento que el alma tiene que alcanzar. Esto mismo puede verse impactado en el ámbito de las relaciones con otras almas compañeras y, también, en el ámbito profesional.

Si bien sanar y crecer es la base del propósito de vida, en ocasiones, los porcentajes pueden variar. Por lo general, un 72% corresponde al proceso de evolución conciencial que implica sanar y crecer, un 27% las relaciones y solo un 1% la profesión. Así mismo, hay almas que pueden tener menos % de sanación y crecimiento —porque ya lo han hecho en otra vida—, y más de relaciones y/o profesión. Cualquiera sea el caso, la suma de 100% favorece a la evolución del alma, y al gran toroide universal del que todos formamos parte.

También puede suceder que un grupo de almas requieran de varias vidas para llevar a cabo una misión de gran impacto en la humanidad. Entonces habrá múltiples vidas anteriores de aprendizaje para que en una vida se vea el resultado acumulado de todas las experiencias en las anteriores vidas.

Así mismo, no tenemos techo que condicione nuestra evolución conciencial y podemos superar la misión establecida en el plan prenatal del alma. Siempre tenemos la posibilidad de modificar el recorrido a partir de los potenciales futuros que generamos desde nuestro sentir, intención y pensamientos, así mismo como alterar el plan original para llevarlo a otro nivel. Esto permite que acortemos la cantidad de vidas en este plano ya que, en la nueva era de la conciencia y la integración, la espiritualidad ha empezado un proceso acelerado de evolución —sobre ello hablare más en detalle en el libro *"El Gran Viaje del Alma"*—.

Otra consulta habitual es ¿Cómo prevalece el propósito de vida, establecido en el plan prenatal, en este plano material? Aquí el inconsciente en su parte más profunda —subconsciente— guarda todos los detalles de la gran misión del alma en esta vida. Ese subconsciente emergerá lentamente, a partir de las experiencias vividas, en todas las capas de nuestro inconsciente hasta tomar la fuerza necesaria para su manifestación a través de la gran voz interior o de la intuición —formas en que el alma se expresa y nos guía—.

Llegará el momento oportuno en que emergerá aquello para lo que estamos predestinados a ser. En algunos casos, daremos con las primeras señales de la misión gracias a que alguna alma nos ayude de múltiples formas —tanto con una experiencia que parezca positiva como no—. Eso que puede parecer una casualidad, no es tal. Las casualidades no existen, aunque el ego nos haga creer que sí.

Esa primera señal será suficiente para empezar a transitar el camino hacia la concreción del propósito de vida y solo se nos habilitaran unos próximos pasos. No se nos debelará todo el camino porque transitarlo requiere de aprendizaje constante y esto, justamente, es lo que habilita los siguientes pasos.

En muchas ocasiones daremos con gran parte de la misión a partir de una experiencia de dolor que tengamos que resolver y ello nos marcará de tal manera que decidamos transformar nuestra vida a partir de ello. Las situaciones y variables que intervienen son muchas, ... impredecibles.

La concreción de tu propósito de vida no requiere de consensos externos para la toma de decisiones. Es un sentir personal indelegable. Hazte la idea que una parte del propósito —aproximadamente un 20%— solo la entenderás tú y nadie más que tú. Ninguna persona cercana —salvo que sea un maestro espiritual con un estado conciencial superior y libre de ego— podrá entenderlo. Tu entorno no lo podrá ver como tú lo ves. Hay decisiones que no pueden ser comprendidas por otros hasta que vean los resultados, o los primeros atisbos de estos. Y así es perfecto porque son mandatos divinos que se realizan a través de ti para luego ser comprendidos por todos. Según cuenta la historia bíblica, Judas traicionó a Jesús, y luego su discípulo más fiel, Pedro, lo negó tres veces. Siendo Jesús el avatar más importante de la historia de la humanidad y habiendo vivido tales experiencias ¿Qué te hace creer que tu entorno más cercano creerá en todo lo que haces al 100%?

Este 20% que solo tu entenderás es el grado de locura necesario para vivir plenamente. Todos tenemos un poco de locura incomprensible por nadie de este mundo. No te preocupes si no eres comprendido. Desde otro plano si lo eres y estas siempre acompañado. Encontrarás explicación a ello cuando miras hacia atrás y ves con asombro las decisiones trascendentales que has tomado y que hoy no podrías explicar desde donde y como lo hiciste. Así que no busques consensos para esas decisiones, salvo que eleves tu mirada.

¿Tenemos un destino predestinado o preestablecido? ¿Es fijo o podemos cambiarlo? ¿Qué relación existe con el propósito de vida? Estas son algunas de las preguntas que tiempo atrás me hice y fue gran parte del objetivo del libro que tienes en tus manos.

Como vimos, el alma tiene misiones trascendentales a cumplir. Todas ellas hacen al gran propósito de vida que justifica su encarnación en este plano. Cada uno de nosotros vibra en un estado conciencial comprendido por un rango energético y vibracional. Dentro de este rango vivenciamos distintas experiencias con emociones, de todo tipo, que nos hacen oscilar entre los extremos de nuestro rango vibracional. Esos extremos se los conoce como luces y sombras.

Las luces son nuestros puntos altos —bondades, dones y talentos brillando— que podemos potenciar, mejorar y compartir con otros. Las sombras son nuestros puntos bajos —miedos, creencias limitantes y programas inconscientes que nos producen dolor, sufrimiento y enfermedades— para transformar y trascender porque nos atan al actual estado conciencial y no podemos avanzar.

A lo largo de la vida experimentamos múltiples ciclos de crecimiento. Podríamos verlo como rangos de conciencia anidados secuencialmente unos con otros, mientras transcurre nuestra vida —ver siguiente imagen—:

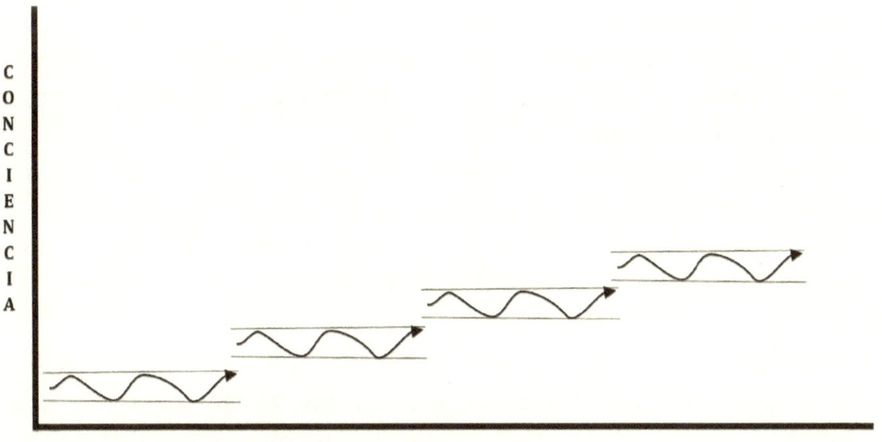

La suma de los múltiples ciclos podría ser visto como un gran ciclo de avance conciencial a lo largo de la vida. El progreso espiritual no es recto, sino que se produce en ciclos con tendencia hacia arriba —como lo muestra la siguiente imagen—.

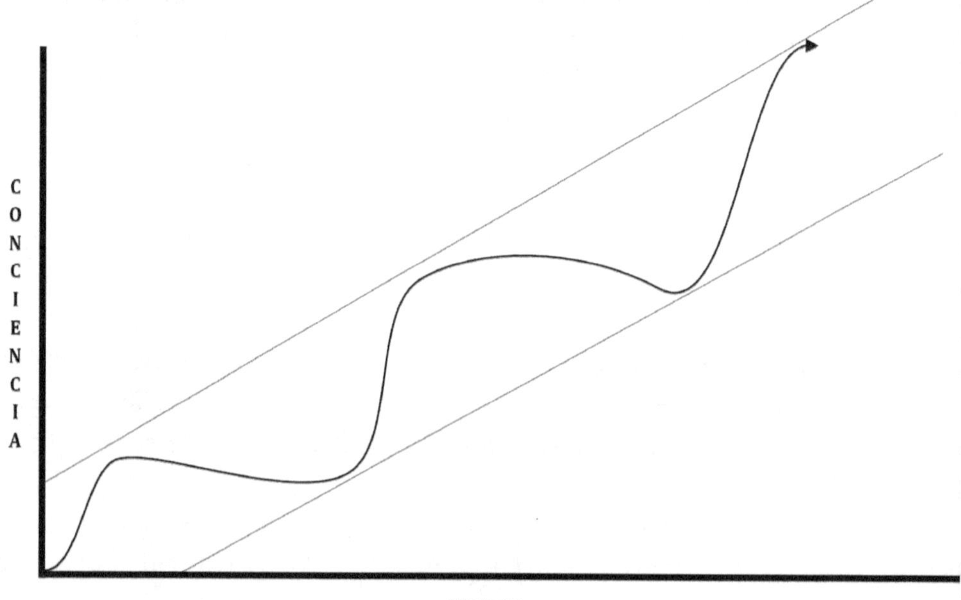

Por lo tanto, podemos avanzar en nuestro camino, y de igual manera encontrarnos con situaciones que corresponden a nuestra anterior versión menos evolucionada. La clave está en superarlas desde el nuevo estado de conciencia. Todas son pruebas para reafirmar el camino.

En cada rango vibracional o estado de conciencia tenemos N potenciales futuros a alcanzar. Por lo tanto, nuestro destino también tiene variaciones según nuestro accionar en ese rango.

Dependiendo de las misiones que realicemos a lo largo de la vida y, sobre todo, el sentir y la convicción con que las desarrollemos, se estará gestando el destino perfecto para esta vida.

Tal destino puede transformarse y/o potenciarse a lo largo de la vida desde el momento del despertar. En este punto de quiebre existencial podemos impulsarnos a un estadio mayor que acelera nuestro proceso de evolución conciencial y hace que el destino alcance su mayor potencial futuro para esta vida.

Así sucede porque lo definido en el plan prenatal no es un destino fijo, sino que es un potencial futuro a alcanzar si ciertas variables en este plano se manifiestan de tal manera. Dado que el Universo es dinamismo y cambio constante no existe tal rigidez universal que haga que sucederá tal cual lo definido. Por este motivo, contamos con asistencia divina de Guías, Doble Cuántico y Ángeles que nos guían cuando los sucesos nos desvían demasiado del camino.

Toda acción realizada previamente al despertar y que, de alguna manera, lamentemos, puede ser sanada a partir de este. Entonces el destino se potenciará a partir del despertar y permitirá saldar las deudas kármicas.

Así es que el dar con el propósito de vida —y las misiones trascendentales que lo componen— nos llevará al mayor potencial destino posible. Como solo vemos un pequeño vislumbre del propósito, no tenemos manera de dimensionar o proyectar todo lo que hay detrás porque los potenciales futuros son infinitos. Solo vemos unos pocos pasos finitos necesarios para mantenernos direccionados hacia la gran misión final.

¿Qué nos corresponde hacer? Seguir trabajando en esos pocos pasos que son nuestro aquí y ahora. Podemos imaginar y cocrear potenciales futuros, pero serán tan finitos como nuestra compresión, según nuestros programas inconscientes y estado conciencial.

En la siguiente imagen podrás ver como cada experiencia que se nos presenta en un constante desafío que genera potenciales futuros y van dando forma al destino que se construye en el aquí y ahora.

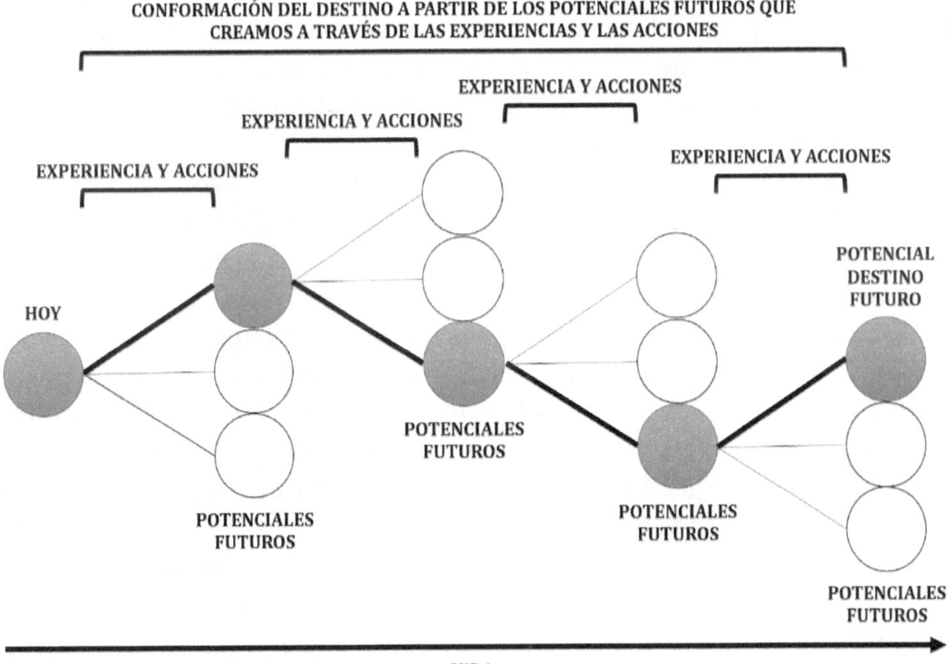

De alguna manera, cada experiencia y, especialmente, como decidamos transitarla determinará si acortamos o potenciamos nuestro destino. Es decir, extendemos o acortamos nuestro avance conciencial. Extendemos o acortamos la cantidad de vidas físicas o encarnaciones. Extendemos o acortamos el proceso de autorrealización y liberación de este plano. Por este motivo es muy acertada la frase anónima que dice: *"Cuando el destino está en tus manos, no miras de qué lado cae la moneda"*.

Algo que lo hace más interesante es que las misiones de cada uno de nosotros son distintas, pero a su vez complementarias. Es decir, tu crecimiento no termina en ti, sino que impacta en el todo y favorece a todos.

Todos somos instrumentos de una gran misión divina y a cada uno nos corresponde transmitir un mensaje que sume valor al gran propósito de la humanidad: la evolución de la conciencia.

Ese mensaje es transmitido de tantas maneras diferentes que deja de ser irrelevante porque todas conducen a la verdad, al Todo. Somos tantos miles de millones de habitantes en el mundo que es necesario que cierto mensaje sea reforzado por muchos seres para que se produzca la toma de conciencia.

Cada uno a su manera, con sus tiempos y con sus formas. A algunos les servirá y despertarán a una nueva realidad y a otros quizás no les sirva, o no lo entiendan, o no les interese, o no les guste. Y esta perfecto porque si algo disponemos en esta era es de diversidad para llegar a la verdad.

Cualquiera sea la forma, lo importante a considerar de los mensajes es su frecuencia vibracional. Cuando estos sean elevados sumarán valor a lo existente. En caso contrario, su origen proviene desde el ego y podremos integrarlo como aprendizaje para transformarlo y trascenderlo. Entre esa puja vibracional y energética avanza el mundo.

Tal aprendizaje puede llevar consigo experiencias de dolor, pero también de amor. Siempre hay detrás una intensión positiva universal que hace que todo suceda en perfecta sincronía, según el estado conciencial personal y colectivo.

Ahora lo que está dentro de tu responsabilidad es dar tú 100%. Cuando das lo mejor no te queda nada y te sientes liberado de toda culpa y presión por el resultado. En caso de *"perder"* —entendiendo que la perdida no existe, es una ilusión del ego— será con la satisfacción de haber entregado tu mejor versión y, paso siguiente, con gratitud y trabajos de introspección para comprender el aprendizaje, volvemos a empezar el ciclo.

¿Por qué volver a empezar el ciclo? Porque la solución siempre está un paso más allá del problema a resolver. Entonces las preguntas que debes realizarte son: ¿En quién debo convertirme para resolver este problema? ¿En qué estado de conciencia este problema no existe?

Cuando ese límite te haga sentir incomodo entonces detente, medita, observa, reflexiona y vuelve a intentarlo desde otro estado más elevado. La solución que buscas está en otro estado de conciencia. Para ello es necesario trabajar en tu Ser y que vuelvas a tu eje, al equilibrio para tener otra visión de la situación. Una visión más elevada.

Hay ocasiones especiales en que no se le puede escapar a la misión. Es inevitable su concreción porque ese es el motivo principal que dio origen a la encarnación en este plano. Algo similar con el dilema de Arjuna en el campo de batalla cuando decide no pelear y Krishna decide persuadirlo. Así lo expresa metafóricamente el Bhagavad Guita: *"... debía cumplir su vocación, su Svadharma, su propia misión en la vida. Arjuna había nacido dentro de la clase de los guerreros y su destino era rectificar una injusticia. Todo Svadharma confluye con el gran Dharma universal. Debía entregarse a una voluntad superior"*.

Entonces ¿Qué hacemos? ... Integrar. Tienes que integrar tu actual vida, y todos sus ámbitos, con la misión que has venido a desarrollar. Y ¿Qué es integrar? Es asumir tu proceso de evolución conciencial que te permitirá transformar tu actual realidad en tu potencial futuro totalmente alineado a tu esencia y misión. También es manifestar, o sumarte a, una causa que te trasciende como individuo para bien de una comunidad o toda la humanidad —así como lo hicieron los agentes de cambio de la humanidad—. Tu vida al servicio de una causa mayor que te trasciende.

Llegará el momento en tu vida en que se manifieste todo aquello para lo cual te has preparado, y también por lo cual has perseverado. Ahora, para perseverar en el propósito hace falta fe y valor, más aún cuando los resultados no llegan tan rápido como quisiéramos. También aparecerá un momento en tu vida en que todo aquello que parecía impostergable se vuelve postergable. En medio te has transformado. Sabrás discernir lo real de lo ilusorio.

Ten una mentalidad de abundancia en todos los ámbitos de tu vida. Simplemente, ocúpate de dar y de generar valor en todos ellos. Eso moviliza energías de alta vibración, y los principios universales de la abundancia lo perciben y actúan al instante. Dichas energías te permiten crear y materializar tus pensamientos, especialmente cuando estás en paz y armonía contigo mismo, cuando estás en espíritu, uno con Dios.

Y cuando el Universo te brinde un Tener abundante, adminístralo muy bien, hazlo crecer, expándelo y compártelo para el bien de todos. No te prives de nada que permita que el propósito, que se manifiesta a través de ti, crezca en forma consciente. Disfruta el proceso y se feliz con ello.

El mundo está lleno de seres temerosos a dar el primer paso ¿Eres así? ¿Qué harás en este mismo momento para trascenderlo? Ten en cuenta que el Universo es dinámico, está en movimiento constante, pero si tú no haces el primer movimiento, nada ocurrirá del otro lado. Hay una gran frase atribuida a Albert Einstein: *"Nada ocurre hasta que algo se mueve"*. ¿Estás dispuesto a dar ese primer paso?

Tres aprendizajes que me ha ofrecido el capítulo:

4) ....
....
5) ....
....
6) ....
....

Otras notas destacadas del capítulo:

....
....
....
....
....
....
....
....
....
....
....
....
....
....
....
....
....
....
....
....
....
....
....

Capítulo 3: **Contra lo imposible**

"Hay un punto a 7000 revoluciones por minuto donde todo se esfuma. La máquina se vuelve liviana, desaparece. Lo único que queda es un cuerpo moviéndose por el espacio y el tiempo.
7000 revoluciones por minuto, ese es el límite. Lo sientes venir, te susurra de cerca al oído. Te haré una pregunta, la única pregunta que importa ... ¿Quién eres?"

El actor Matt Damon representando a Carroll Shelby[9],
en la película "Contra lo imposible"

---

[9] Carroll Shelby piloto de automovilismo y diseñador de automóviles estadounidense.

¿**Q**uién eres? es la gran pregunta que se hace todo buscador genuino. Por favor dispone de unos minutos para cerrar tus ojos y soltar esta pregunta al Universo. Permanece receptivo con gratitud y amor para recibir alguna señal o respuesta.

El Tetris de la vida

Solemos asumir la vida de manera muy similar al videojuego, tan popular, llamado Tetris®. Todas sus figuras están compuestas por cuatro cuadrados o cubos. Primero vienen figuras simples —un cuadrado o la pieza alargada ya sea de forma vertical u horizontal—, luego empiezan a aparecer las piezas más complejas —en forma de L, Z o T. Y, a su vez, todas ellas también de manera invertida—. A esto hay que sumarle la velocidad. Empieza lento y luego se acelera. Todo empieza a complicarse cuando la base no es firme y se acumulan figuras que no se integran entre sí para trasformar una línea y trascenderla. ¿Ha resonado algo del juego con tu vida?

En el juego no depende de vos las figuras que vienen, sino saberlas acomodar de la mejor manera posible para prevalecer el mayor tiempo posible hasta ganar la partida. El juego, de alguna manera, enseña a manejarte con lo que te sucede.

Ahora ¿Qué crees que sucede en nuestra vida? ¿En que nos diferenciamos del juego? En nuestra vida tenemos el poder de atraer, o cocrear, las figuras que vienen. Esta es la parte en que diferimos del juego. Es verdad que, al principio en el juego de la vida, es importante saber cómo manejarse con lo que nos pasa, pero luego se torna valioso aprender a atraer figuras diferentes mejorando así nuestra realidad y nuestro destino de no repetir continuamente el pasado.

Tiene que ver con aceptar nuestras creencias limitantes y programas inconscientes que realizan su juego oculto y dirigen nuestra vida —aunque el ego nos hace creer que nosotros lo hacemos—. A medida que iniciamos el proceso de reconexión con nuestra esencia —sanar y crecer—, todo mejora. Somos seres conscientes de lo que atraemos y creamos con nuestro sentir y nuestros pensamientos.

Años atrás sentí una profunda necesidad de trabajar en mi Ser. Había tomado una decisión trascendental, que no solo impactaba en mi vida sino también en la vida de seres queridos de mi entorno familiar. Entendí claramente la señal, o voz interior que me impulsaba, y sabía que no podía desechar en deseos mundanos ilusorios esa oportunidad que se me presentaba.

Fueron tiempos en que me dedique a mi pequeño hijo, a mi profesión, y principalmente trabajar en mi autoconocimiento. Por un par de años no hubo lugar para otros temas más que algunas reuniones con amistades, además de los lazos familiares.

En el primer año resignifiqué mi vida y definí que quería de ella. Sinceré todo lo que mi voz interior reclamaba. Así encontré un primer vislumbre de mi propósito y empecé a experimentar como un generalista en todo aquello que llamaba mi atención.

También definí valores y principios de vida y lo hice desde el Ser —Simplicidad, Integración, Trascendencia, Conciencia y Sumar Valor—. Ya tenía la base de todo mi accionar futuro. Por primera vez era yo plenamente.

Luego diseñé un plan con una serie de acciones o tareas para la concreción de dicho sentir y lo hice en forma integral considerando todos los ámbitos de la vida. Allí también definí que en algún momento escribiría un libro e iniciaría mi carrera como coach, terapeuta, conferenciante, emprendedor y seguiría desarrollando consultoría empresarial para ayudar a las personas y a las empresas a mejorar sus realidades.

Descubrí mi misión profesional a partir de resultados disfrazados de aciertos o fracasos —como las piezas del juego Tetris®—. Todos ellos se fueron materializando a su debido tiempo y a medida que avanzaba en mi proceso de sanación y crecimiento —evolución conciencial—. Esto último, que no se ve, fue la base que dio origen a todo lo que hoy se ve.

Allí nacieron varios proyectos que fueron mejorando con el tiempo y mientras el camino se hacía más visible. Otros proyectos están a la espera de ser materializados según se acomoden las variables que se necesitan para ello. Todo nació de un profundo deseo que hoy día permanece y que ha mejorado mi vida notablemente. Todos ellos me movilizan a diario desde la gratitud y el propósito de una vida con sentido. Esto mismo es lo que deseo para ti, y por ello he escrito este libro.

Con el paso del tiempo entendí que todo el conocimiento que llegaba a mi vida era para la concreción del propósito de vida. Llevamos dentro todo lo que buscamos fuera. Y como dijo Rumi[10]: *"Sé impecable en tu búsqueda porque eres lo que buscas".*

Luego la verdadera sabiduría reside en aplicar correctamente ese conocimiento para llevar a cabo la misión. Para aprender, o reaprender, hay que parar, dejar de correr detrás de lo superficial e ilusorio. Resignificar nuestra vida y definir hacia donde queremos ir, más aún cuando no se tiene rumbo definido.

El hábito diario potencia tu accionar en este plano donde hay un tiempo finito. Por este motivo, no dediques tiempo a actividades intrascendentes. Si llegan a tu vida situación que busquen desviarte de tu misión, entonces indaga tus creencias, patrones y programas inconscientes para saber con cuál atrae esas situaciones. Luego de detectar su raíz inconsciente, libéralas con aprendizaje y transfórmalas con amor hacia su origen transgeneracional o de

---

[10] Yalal ad-Din Muhammad Rumi: fue un célebre poeta místico musulmán persa y erudito religioso que vivió entre el año 1207 y 1273 dc.

otras vidas. Eso cambiará tu realidad y permitirá la concreción de lo que tu alma busca.

La autoobservación está íntimamente ligada al conocimiento de uno mismo. ¿Cómo avanzamos en nuestro autoconocimiento? Dedicando tiempo para conectar con información elevada en términos de energía y vibración. No cualquier información.

Este proceso de autoconocimiento también requiere de liberar a todos de nuestras creencias y culpas, de perdonarnos a nosotros mismos, y de elevar nuestra energía.

La información sin emoción no se retiene en el tiempo. Lo que recibas tiene que emocionarte. Tocar tus fibras más íntimas. Cuando la información se cruza con nuestras emociones se produce la magia. Como dijo Ralph Waldo Emerson: *"Lo que está ante nosotros, lo que hay detrás de nosotros, no es nada en comparación con lo que se encuentra dentro de nosotros"*.

Al conectar con tu esencia el propósito te será develado más claramente. No se te develará todo sino un vislumbre que te permite reconocerlo. Esos primeros pasos te guiarán para que tu acción se direccione hacia ello. Así lo expreso el sabio Lao Tsé: *"Un viaje de mil millas comienza con un primer paso"*. Luego fluye hacia una dirección concreta mientras permaneces conectado a tu esencia.

Quizás ya tienes las señales suficientes, pero no lo estás viendo. Aquello que tu alma vibra es una clara señal de que tal cosa forma parte de tu misión. Somos seres que tendemos al auto engaño constantemente. Algunos quieren lograr grandes cosas, pero pasan horas mirando series en la TV. No te distraigas con las trampas del juego.

En la película *"Contra lo imposible"*[11] ocurre una escena de gran aprendizaje acerca de cómo se amplía la visión cuando estamos enfocados y aceleramos nuestro proceso sin distracciones. También cuán importante es considerar la perfección en todo. En dicha escena dialogan Christian Bale —personificando a Ken Miles[12]— y Noah Jupe —personificando a Peter Miles, hijo de Ken Miles—. Están probando el auto de carreras en una pista y frenan en un sector específico para hablar. El dialogo es el siguiente:

Peter: ¿Cómo veras la marca?
Ken: Vas rápido, pero a mayor velocidad todo lo demás se detiene. En lugar de ver esto (gesticula, con las palmas de la mano a los costados de los ojos,

---

11 "Contra lo Imposible" Película de Disney. El visionario Carroll Shelby y el conductor británico Ken Miles reciben la misión de construir un nuevo automóvil con el fin de derrocar el dominio de Ferrari en el Campeonato del Mundo de Le Mans de 1966.

12 Kenneth Henry "Ken" Miles fue un piloto de automovilismo de velocidad británico, nacionalizado estadounidense. Desde el año 2001 forma parte del Salón de la fama del motor de América.

una mirada angosta) ... ves esto (abre las palmas de sus manos haciendo que se amplíe la visión).
Peter: (se queda reflexionando y después de unos segundos de silencio dice) .... Pero no todas las vueltas pueden ser perfectas.
Ken: al menos puedo intentarlo...

Y vaya si Ken Miles logró dar la vuelta perfecta en la carrera de Le Mans de 1966. Gracias a su enfoque y visión logró récords de vueltas imbatibles que perduraron por años y fue el único piloto en la historia en ganar, en el mismo año, en Sebring, Daytona y Le Mans —esta última carrera compartida con dos pilotos más ya que fue obligado a bajar la velocidad cuando llevaba cuatro vueltas de ventaja al segundo y tercero que eran autos del mismo equipo Ford, y así obtener una foto histórica con los tres autos cruzando la meta—.

Este aprendizaje nos enseña que cuando haces foco y aceleras tu proceso, todo lo demás se detiene. La mirada se expande y aparecen opciones que en la distracción no sabrías que existen. Entonces ves todo y el camino se aclara.

Para resolver este juego de la vida —con cierto parecido al videojuego Tetris®— es necesario que enfoques tu atención para tener una mirada amplia de la situación a resolver.

Los problemas existen en el presente, aunque hagan referencia al pasado. Estos mismos problemas existirán en tu futuro si no los solucionas hoy. Si decides solucionarlo definitivamente estas trayendo el pasado al presente para transformarlo y estas creando nuevos potenciales futuros. Al decidir sanar y crecer, eliminas la variable tiempo de la ecuación. Pasado, presente y futuro se unen en ese instante y desde allí manifiestas una nueva realidad.

Las creencias, inclusive las heredadas, tienen una raíz basada en tus experiencias pasadas o la de tus antepasados que han formado creencias arraigadas en el inconsciente. A medida que transformas las experiencias en aprendizaje consciente —haces consciente lo inconsciente— entonces las creencias limitantes se transforman y así potencias tu vida.

Tal transformación modifica nuestro ADN y se traslada genéticamente a nuestros descendientes quienes no repetirán la creencia sanada. Así mismo, quién reciba una creencia limitante en su campo morfogenético tiene la posibilidad de transformarla y trascenderla para el bien de sus descendientes. Esa es la mejor herencia que le podemos dejar a nuestros hijos.

Recuerda este principio del Ser consciente: El riesgo no existe. Existen las creencias limitantes generadoras de miedo que ponen en duda la voz interior del alma. En la perfección divina el riesgo es una ilusión del ego que nos hace creer que estamos separados de nuestra esencia espiritual.

Hacia la verdadera zona de confort

La fe y el creer están en lo que no se ve. Y para ello se requiere moverse de la falsa zona de confort generada por el miedo inconsciente hacia una verdadera zona de confort, nuestra esencia interior totalmente ligada a la gran conciencia superior, Dios. Aunque el ego quiera convencernos de que estamos bien así.

El verdadero cambio es integración. Es extender nuestra área de conocimiento a una zona desconocida con desafíos para integrar. Cuantas más experiencias integremos, más conexión con nuestro Ser, mayor autoestima y menos miedos. En ese estado conciencial más elevado se abrirán nuevos caminos y opciones que antes no tendrías manera de reconocer. Simplemente no estabas preparado para asimilarlo.

El cambio implica sanación interior y crecimiento personal. Y para ello se requiere atravesar crisis generadas con el actual estado conciencial. Es como un examen final al cúmulo de experiencias que se fueron desarrollando y necesitan de un final para pasar al siguiente nivel. Haciendo una similitud con los videojuegos, para pasar al siguiente nivel es necesario librar una gran batalla final con el personaje más fuerte del nivel actual. Lo más sorprendente es que ese personaje somos nosotros mismos. Batallamos contra nosotros mismos. Nuestro inconsciente y también karma de otras vidas.

¿Cómo se trascienden las crisis? Con valentía y nuevo aprendizaje. ¿Por qué valentía? Porque por cada paso que das, el Universo lo refuerza dando muchos más a tu favor. Es tu principal aliado. Ahora, si no das el primer paso, nada sucede. Para ello se requiere determinación y valentía ¿Por qué nuevo aprendizaje? Porque los problemas no se pueden resolver con el mismo nivel de conocimiento y de conciencia con el que fueron creados. Debemos generar espacio liberando lo no esencial —lo que ya no sirve—.

Ahora, sólo será válido el contenido que abarque un aprendizaje integral. Aquel que considere a cada uno de los estados que forman nuestro Ser: espíritu, mente, emociones y cuerpo. Si no lo haces en forma integral, el aprendizaje es incompleto. Es lo único que te llevará a tener nuevos hábitos, un nuevo contexto y una nueva comprensión de la realidad.

Ten en cuenta que el miedo al cambio significa creer que pierdes lo que eres o lo que tienes. Significa estar aferrado a algo o a alguien —apego—. Al trabajar conscientemente en ti, en tu crecimiento personal y espiritual, el apego se transforma en desapego y eso libera las mochilas, miedos y creencias que te tienen aferrado al no cambio.

Para salir de los miedos y de la falsa área de confort se necesita estar motivado. Ahora ¿En qué crees que te motivas? ¿Qué es lo que puede mantenerte en altos niveles de productividad y eficiencia, perseverar? ¿Cuál crees que es el principal aliado que tienes para vencer los miedos y sentir que no estás solo en el camino? Es el propósito de vida que corresponde a una misión divina que has venido a desarrollar. Y por ser esta una misión divina, siempre te sentirás acompañado por una fuerza superior de la cual emana toda energía y creación.

Todo lo demás es una ilusión del ego que se siente separado de todo y no es amigo del cambio. Cree en esa esencia divina que reside en ti y todo lo que tus sentidos pueden percibir, y cambia todo lo que creas necesario para avanzar con tu propósito de vida.

Cuando das con el primer vislumbre acerca de él, toda tu vida cambia. Ya nada será igual y todos los ámbitos de tu vida se alinean a él. El Universo acomoda todo bajo el poder del sincrodestino y la causalidad divina para que todo suceso sume a ese propósito. Esa es la misión divina que se orquesta a través de ti, a eso has venido, no puede ser de otra manera.

Ese propósito de vida será el movilizador de todo, será tu *"por qué o para qué"* haces lo que haces. Y allí se vuelve muy importante el autoconocimiento y el definir valores y principios de vida alineados a tu Ser. Luego podrás establecer el cómo lo realizarás.

En este plano del hacer terminamos reflejando en hechos concretos el sentir, el pensar y el decir. Así nos forjamos en seres íntegros y con esa concepción bien arraigada en cada paso que damos avanzamos en nuestro espiral conciencial con más discernimiento, autoestima y confianza en nuestra esencia divina que nos guía en cada paso.

Disfrútalo porque el proceso que atravesarás es la parte más rica del viaje. Con el paso del tiempo podrás mirar atrás y tu corazón se impregnará de gozo y gratitud por todo el camino recorrido.

No se presentarán desafíos que no estés a la altura de resolver. Abraza con amor y gratitud cada suceso inesperado porque es el paso esencial para algo más grande que no tienes manera de prever. Se requiere entrega total ¿Te atreves a cambiar?

Tres aprendizajes que me ha ofrecido el capítulo:

7) ....
....
8) ....
....
9) ....
....

Otras notas destacadas del capítulo:

....
....
....
....
....
....
....
....
....
....
....
....
....
....
....
....
....
....
....
....
....
....
....

Parte II: MISIÓN ESPIRITUAL: AUTOCONOCIMIENTO, SANACIÓN Y CRECIMIENTO

Capítulo 4: **Aceptar... para transformar**

"Señor, ¿qué hay sobre entregarse a la voluntad de Dios? Primero conoce a Dios, y luego conocerás la voluntad de Dios. Si no conoces a Dios, ¿cómo podrás conocer la voluntad de Dios? Para conocer a Dios, sigue el curso de la respiración. Ve a la fontanela y siéntate calmada y silenciosamente. Una vez te encuentres en la morada del silencio y la calma, podrás ver la voluntad de Dios, el propósito de haber venido a este mundo, y podrás llevarlo a cabo fácilmente. De otro modo, ¿cómo podrías conocer la voluntad de Dios? En la vida diaria, ocurren muchas cosas que no puedes cambiar. Aquello que no puedes cambiar, acéptalo como la voluntad de Dios. Aquello que puedas cambiar y que no sea agradable, cámbialo. Vive de manera práctica en este mundo, vive con inteligencia. No permitas que la debilidad o la ociosidad te dominen."

Paramahamsa Hariharananda

¿**P**or qué tenemos que aceptar lo que nos sucede? ¿Qué hay detrás de la aceptación? ¿Todo es aceptable? ¿Todo es respetable?... ¿Qué te parece? Por favor dedica unos minutos en silencio a reflexionar sobre estas preguntas para luego continuar leyendo y que podamos nutrirnos juntos de esta reflexión que te compartiré.

Esta reflexión me ha acompañado por largo tiempo porque entendí que al responder esas preguntas mi Ser no estaba conforme si las hacia con las creencias limitantes y el barullo exterior que nos rodea actualmente —pandemia mediante—.

Fue una ardua tarea lo que te contaré a continuación, pero ha sido muy enriquecedora desde su concepción e inspiración.

Todo es respetable. Porque la creencia espiritual nos enseña que todo es Dios y Dios es todo, entonces todos somos Dios experimentando en este juego de la vida, el juego de Dios. Ahora, si bien Dios se manifiesta en sus múltiples roles a través cada uno de los seres vivos —somos a imagen y semejanza de la fuente creadora—, entonces los actos están condicionados al Ser que los ejecuta a partir de su estado conciencial.

Todo es respetable porque en el juego de Dios todos los seres vivos hacen lo mejor que pueden según su estado conciencial. Todo tiene un propósito de intensión positiva detrás que sustenta el acto, más allá de que esto no sea comprendido por muchos seres condicionados por su estado conciencial a partir de sus creencias y paradigmas inconscientes.

Ahora, si bien todo es respetable entendiendo su origen, todo aquello que aceptamos desde la incomodidad puede ser transformado. Y en estos casos corresponde actuar en forma consciente para transformar algún ámbito de nuestra vida cuando aceptamos que así no va más.

Así es como ha funcionado la humanidad a lo largo de su historia, a partir de sucesos aberrantes, que no podían seguir siendo aceptados dada la incomodidad que generaban. Así lo expreso Mahatma Gandhi: *"Cuando una ley es injusta, lo correcto es desobedecer"*. Es así que se produjeron hechos mundialmente conocidos que cambiaron el rumbo de la humanidad. De esta manera nos permitimos transformar y trascender tales situaciones.

Si analizamos los casos de la Santa Madre Teresa de Calcuta, Mahatma Gandhi o Nelson Mandela, entre tantos otros, ellos entendían el origen de los problemas que los movilizaron a tomar acción. Respetaban su origen, pero no aceptaron que esas situaciones continúen tal cual. Entonces aceptaron transformarlas.

La verdadera aceptación finaliza su proceso en una transformación. La aceptación, desde su sana concepción, es agente de cambio. La aceptación, asumida con convicción, impulsa a la acción. Dependiendo del estado conciencial de quien la ejecuta, la acción tendrá un resultado que vibrará en determinado rango frecuencial.

Solo transformaras tu realidad cuando la aceptes. Y cuando ello sucede, entonces se abre el campo cuántico con nuevos potenciales futuros. La física cuántica nos enseña que todo está conectado a través de un campo cuántico o de energía. Al tomar conciencia de las emociones atrapadas y las herencias de karmas ancestrales, y/o de vidas pasadas, entonces podrás liberarlas y reprogramar una nueva realidad en tu vida.

No aceptes cualquier cosa sin antes comprender el estado conciencial que reside detrás —esta es una de las principales trampas del juego—. Acepta transformarlas.

¿Por qué? ¿Para qué?

Este es un juego de posibilidades porque siempre existe la posibilidad de transformar algo que nos agrada, especialmente en nosotros mismos.

Es necesario innovar en todos los ámbitos de tu vida, sabiendo que no será algo fácil pero no tienes otra manera de alcanzar felicidad con plenitud. Sin prisa, pero sin pausa cada ámbito debe ser atendido con especial cuidado y amor.

En el libro *"El Factor Conciencia"* presenté detalladamente el siguiente esquema que resume las caras del Yo Soy.

Cada uno de estos aspectos hacen a la vida de las personas, y desempeñan un papel importante a la hora de sentirse plenas y felices. Todos ellos deben ser tratados si queremos una vida con sentido, trascendencia y autorrealización.

Ahora, cabe aclarar que todos ellos son vehículos o instrumentos para llegar a una nueva versión de nuestro Yo Soy. Una versión más cercana a la esencia que realmente somos. En realidad, todo aprendizaje confluye hacia esa esencia y la expansión del Yo Soy. Conectar y comprender nuestro Yo Soy, es conectar con nuestro Ser, nuestro Dios interior —totalmente lo contrario al ego—. Descubrir, o recordar, quienes somos, y luego actuar en consecuencia, es nuestra única misión.

El Yo Soy requiere de tres etapas claramente diferenciadas para avanzar en su propósito. Cada una de ellas las traté en detalle a lo largo del libro *"El Factor Conciencia"*, pero aquí las resumo brevemente:

SER → HACER → TENER. Trabajar en tu Ser para transformar tus creencias, pensamientos, valores, principios, y expandir tu conciencia → Servir desde el alma, actuar con inspiración y perseverancia respetando tu Ser consciente → Fluir y disfrutar lo que llegue a tu vida, porque serán el resultado de tu Hacer consciente —un resultado genuino y real—.

Tu principal responsabilidad es trabajar en tu Ser, para luego ser un Ser en acción. Trabajar en el Ser asegura la base que sustenta todo logro futuro. Es inalterable. Nunca cede ante las distintas opciones que atenten contra ella. Solo crece a medida que la conciencia se expande.

Trabajar en tu Ser es sinónimo de autoconocimiento. Ello implica aceptar para transformar. Y se requiere de sanación inconsciente para un crecimiento consciente.

La sanación inconsciente está asociada a nuestro *"¿Por qué?"*. Y este nos lleva a una creencia inconsciente que construye juicios basándonos en experiencias del pasado.

El crecimiento consciente es el paso siguiente a la transformación producida por la sanación inconsciente. Y está asociada a nuestro *"¿Para qué?"*, el cual nos proyecta hacia nuevos potenciales futuros, totalmente alineados a nuestro propósito de vida.

Al unir espíritu, alma y cuerpo abres la puerta para dar con el propósito de vida que dio origen a la manifestación de tu Ser en este plano. Sin una misión definida no habría encarnación, o materialización de tu Ser.

¿Ahora entiendes porque es tan importante que des con esa misión? Luego todo se alinea a ese propósito que te trasciende como ser individual. Pero también tienes la responsabilidad, y el honor, de que se realice a través de ti. Esa es la mayor bendición que podremos disfrutar como hijos de Dios. Ahora, si permites creer lo que tu ego te diga acerca de que tú lo haces todo, simplemente ten cuidado porque el sufrimiento y el dolor se cruzarán, inevitablemente, en tu camino.

En este plano regido por el tiempo y espacio, hay tiempos y espacios finitos para cumplir con el aprendizaje y experiencias que se requieren para el propósito de vida. Por ese motivo insisto en los libros y seminarios acerca de no desperdiciar nuestro tiempo y entender todas las bondades que nos fueron otorgadas, en forma de conocimiento, para potenciar nuestra productividad y eficiencia diaria en post del propósito de vida. Justamente el libro *"Tus Horas Milagrosas"* se enfoca en este punto vital de nuestro proceso.

La integración nace cuando empiezas a responder todos tus *"¿por qué...? y ¿para qué...?"*. Estas preguntas profundas acerca de cada uno de los ámbitos de tu vida y como se fueron manifestando, te llevarán a una de las cualidades máximas del Ser consciente: integrar todas sus partes, ya sea internas como externas, entendiendo que no puede haber integración con el afuera si antes no hay integración con el adentro.

En este plano, la forma es necesaria para la expresión de la conciencia sin forma. De otra manera no podría manifestarse para su misión o propósito. Forma o sin forma son polos opuestos necesarios para la manifestación. Así es que el plano espiritual se sustenta en el plano material, y este existe gracias al plano espiritual. Ambos son complementarios y necesarios entre sí.

Con la integración encontramos un aprendizaje que suma más que todas las partes separadas. Por este motivo es tan importante integrar. Si bien la experimentación de cada parte por separado deja su huella en nosotros, no tomaremos total dimensión del aprendizaje hasta que lo integremos y veamos el impacto en el Todo. La clave de esta era es: INTEGRAR.

La trascendencia implica acallar el ego entendiendo que eso que se manifestó a través de nosotros no nos pertenece. Tal manifestación corresponde a un bien colectivo, a un Todo del cual somos parte. Este proceso es vivir el desapego y soltar entendiendo que la creación que se manifestó a través de nosotros fue un proceso pasado y corresponde compartirlo para continuar con un nuevo proceso que requiere toda nuestra atención.

Como todo proceso, o etapa nueva de la vida, se requiere soltar el pasado sabiendo que el aprendizaje de tal experiencia nutrió nuestro Ser y eso es lo único que debe interesarnos. Esta nueva etapa será superadora a las anteriormente vividas y por eso puede haber incertidumbre que es necesaria para crecer. Lo que recibamos de la etapa anterior serán bondades para sumar valor en el proceso de la humanidad y no nos debe sacar del foco que requiere cumplir con el propósito de vida.

La rueda de encarnaciones que experimenta el alma tiene en común el espíritu que ha decidido un gran propósito de aprendizaje, que no nos corresponde saber porque requiere muchas encarnaciones de la misma alma para ser llevado a cabo. Aquí lo único que cambia es el vehículo —el cuerpo a lo largo de cientos o miles de vidas—, para nutrir a la gran experiencia que se ha propuesto el espíritu en sus inicios.

El alma encarna en cada vida con una misión o propósito de vida especifico y esto solo es posible ser comprendido por el Ser encarnado. Es lo único que nos importa saber para llevar a cabo la misión y luego retornar con el aprendizaje a la fuente, Dios.

Esta misión que asumimos antes de encarnar, tiene el componente universal adormecido, pero está ahí, en el Ser. A medida que avanzamos en la vida se va develando hasta que lo vemos claramente.

Tu accionar en este plano forma parte de un propósito mayor que te trasciende. ¿Y por qué te trasciende? Porque, como mencioné en el primer capítulo, todo forma parte de un proceso de autoindagación iniciado por Dios y lo hace a través nuestro. Lo que significa que somos instrumentos al servicio de la gran conciencia. Y ese es nuestro mayor regalo. Nada nos pertenece.

Por este motivo, tu accionar se basa en recordar tu verdadera esencia y desde allí sanar los karmas pasados —realizados desde la ignorancia de las primeras vidas—, para crecer, evolucionar e impregnar de todo ese aprendizaje a la gran matriz divina y universal que es Dios mismo.

En tu esencia encontrarás tu *"Para qué"* y eso no se negocia. Puedes jugar con los instrumentos que tienes a disposición, pero sin cambiar el *"Para qué"*.

Puedes adaptar o redefinir el *"cómo"* y el *"qué"* a media que avances y así lo sientas. Y al probar es donde aparecen los desafíos disfrazados de obstáculos.

Y todos ellos tienen un origen común: el ego. El ego es separación y nos hace creer que estamos separados de todo. De esa manera nos aferramos a los personajes o roles que decidimos asumir desde la ignorancia, y empezamos a sufrir, culparnos, sacrificarnos y victimizarnos. Ahora, cuando trasciendes tus limitaciones, conectas con el poder interior que hemos olvidado al creernos el personaje. Como dice un gran principio budista: *"Cuando aceptamos la impermanencia de las cosas estamos más cerca de la felicidad"*.

En ocasiones cierto alimento nos parece poco apetecible hasta que en un momento cambia nuestra percepción y hasta resulta delicioso. De igual manera sucede con nuestra vida cuando transitamos y superamos una crisis. ¿Qué fue lo que cambió? El estado de aceptación. A medida que aceptamos y actuamos en consecuencia la vida se nos hace más apetecible, y si seguimos podemos hacer que se transforme en deliciosa, mágica, genial. Y así alcanzar la felicidad.

En varias ocasiones me han preguntado ¿Qué es evolucionar? Y respondo que es soltar información caduca. Esto es verdadera sanación y crecimiento. Esta es la base en que se sustenta el propósito de nuestra vida, y se verá reflejado en la salud, en la profesión, en las relaciones... ¡En todo! Pero ¿Qué es lo que habitualmente hacemos? Erramos el objetivo de la búsqueda. Como decía Rumi: *"Quizás buscas en las ramas lo que se encuentra en las raíces"*.

Nuestra oscuridad —sombras—, más que opuesto a la luz, es la distorsión misma de la luz. Por esto mismo, la oscuridad no es algo negativo ya que esta es la que nos impulsa a buscar nuestra luz interior. Si no se cruzaran la sensación de oscuridad con la voz interior del Ser, no buscaríamos la luz.

Existe la creencia de que la luz es el bien y la oscuridad es el mal, pero en realidad ambas son bondades necesarias para la experimentación del alma en este plano dual. Creer que la oscuridad es mala corresponde a los condicionamientos propios de los seres, culturas e instituciones religiosas en las cuales predominan los bajos estados conciénciales —totalmente condicionadas por una mentalidad de escasez y de miedo enfocada en la supervivencia, en el sobrevivir, ... propio de la vieja era—.

Todo estado conciencial de baja vibración busca la luz para sobrevivir y asume que para ello la oscuridad es mala. En realidad, corresponde integrar luz y oscuridad porque ambos forman parte de lo mismo: experimentar para evolucionar. Esta es una de las trampas a trascender en el juego de Dios.[13]

---

[13] **El Kybalion - Principio de Polaridad: Todo es doble; todo tiene dos polos; todo, su par de opuestos; los semejantes y los antagónicos son lo mismo; los opuestos son idénticos en naturaleza, pero diferentes en grado; los extremos se tocan; todas las verdades son semi verdades; todas las paradojas pueden reconciliarse.**

Todo es Dios manifestándose en distintos roles/personajes. Y como en todo juego existen trampas. Las enseñanzas ancestrales pueden guiarnos hacia la salida evitando tropiezos desde el ego. En esta nueva era, de la conciencia y de la integración, se requiere que tales enseñanzas sean adaptadas a la espiritualidad de estos tiempos. Una espiritualidad que avanza por un carril más rápido, entonces sin cambiar el *"para qué"* podemos cambiar el *"cómo"* y el *"qué"*.

Hay que trascender las enseñanzas de los maestros sumándole la impronta personal mientras se mantenga, o se eleve, el nivel de energía y vibración. Esa es la verdadera sabiduría de esta era: integrar y sumar valor a lo existente. Y te preguntaras ¿Cómo se reconocer un buen maestro y sus enseñanzas? Midiendo el nivel de energía y vibración del mensaje que transmite a través de una charla, una experiencia, un libro, un curso, una conferencia, etc.

No nos vemos desde la luz que somos y el gran potencial que reside en cada uno de nosotros. Tenemos la capacidad de tomar lo que resuene de cada maestro e internalizarlo para llevarlo al siguiente nivel evolutivo. No hay evolución sin transformación.

Tiempo atrás, en una entrevista, me preguntaron: *"¿Eres feliz?"* ... luego de unos segundos respondí: *"Soy muy feliz y agradecido con el proceso que estoy transitando. Sé que hay preguntas y pensamientos sin resolver, pero también sé que se manifestarán a su debido tiempo, todavía no es el momento para ello, no estoy preparado. Más reconforta saber que el camino que he decidido recorrer me permite sanar y crecer en todo momento de mi vida y eso me libera de presiones y me brinda la paz mental para aceptar lo que sucede"*.

La paz llegará a tu vida cuando asumas el papel al cual estas destinado. No hay mayor paz para el Ser que dar con su propósito de vida.

En caso de que tengas la posibilidad, por mandato divino, de alcanzar una posición de influencia, los seguidores se verán inspirados por la fuerza y la convicción de tu mensaje, totalmente alineado con tu misión de vida. Será una prueba genuina de que el mundo de los cielos es posible en este plano. No hay mayor logro de la divinidad que dar con el propósito de vida y accionar para concretarlo.

Este principio nos dice que en realidad los opuestos son dos extremos de la misma cosa. Por ejemplo, calor y frío, negro y blanco, oscuridad y luz, hombre y mujer, arriba y abajo, bueno y malo, pasado y futuro; aunque opuestos, son realmente lo mismo. En el caso del calor y frio, su diferencia radica tan solo en los grados en que ambos se manifiestan. El desafío es armonizar los opuestos que residen en cada uno de nosotros, y lograr equilibrarlos para fluir con la abundancia universal. De alguna manera, no se puede lograr felicidad plena en el plano material sin conciencia espiritual, y no se puede expandir la conciencia espiritual sin orden en el plano material. Los dos extremos necesitan reconciliarse para lograr una vida armoniosa y feliz. Por lo tanto, en este mundo de dualidades, cada mañana cuando inicias tu actividad tienes que decidir a qué parte alimentas. Al ego o al Ser. El primero se enfoca en la emoción más baja, el miedo. El segundo se enfoca en el amor, en el dar y en el servir. Este principio es la clave para ordenarnos y encontrar nuestro centro.

Ten en cuenta que ser más consciente no te hace más inteligente, te hace más responsable. A mayor conciencia mayor es la responsabilidad. Al encarnar desconectamos de la esencia, e iniciamos un proceso de evolución desde la inocencia e ignorancia hasta que se produce el despertar. Desde ese punto de inflexión en la vida empezamos a incorporar todo aquello que necesitamos para dar con el propósito de vida y luego llevarlo a cabo. Nos volvemos sabios.

Desde ese momento del despertar, cada uno a su manera experimenta una llamada interior que lo inspira a mejorar algo en su vida. Pero lo que la gran mayoría no sabe es todo el potencial oculto que tiene.

La primera misión es encontrar las cualidades divinas que están en nosotros, para luego desarrollarlas y potenciarlas —las luces que no están brillando—. El segundo paso implica reconocer las sombras que interfieren en nuestro avance. Todo aquello que nos molesta y vemos proyectado en los demás, especialmente en nuestro entorno más cercano.

Es un camino muy íntimo e individual que definirá las cualidades en forma de fortalezas, dones y talentos. Así empezarás a reflejarlas en el afuera —en las relaciones y en la profesión—.

El Bhagavad Gita —*"Canto del Señor"*—, es el libro sagrado del hinduismo, y es considerado una de las obras más importantes de la literatura religiosa universal. Él nos propone dos tipos de acciones como medio de crecimiento:

1. Acción exterior realizada como Svadharma. Se refiere a asumir con convicción el propósito personal para esta vida.
2. Actitud interior de la mente —Vikarma—. Acción interior que acompaña lo externo. Mente y corazón acompañan al propósito de vida.

Esta enseñanza nos lleva a creer que toda acción interior se sustenta sobre la base del Svadharma, o el propósito de vida, que la moviliza. La verdadera causa que da origen a toda acción futura.

Habitualmente nos dicen que hay que estar motivados, tener actitud, perseverar, ser disciplinados, y demás consejos faltos de contenido y, por cierto, muy superficiales. La realidad es que nada de ello prevalecerá en el tiempo si no tienen una base genuina que lo sustente: el propósito de vida totalmente conectado al Ser. Y encontrarlo, es nuestra primera gran tarea.

Según el factor conciencia, el propósito de vida solo está bien definido si este nos trasciende como seres individuales. Si ilumina y empodera a otros seres.

En la era de la conciencia, el propósito está íntimamente asociado al legado que nos trasciende y que dejaremos a otros seres —ya sea a un grupo minoritario como a toda la humanidad—. Esto no solo nos inspira cada mañana, sino que inspira a otros. Para ello, hay que despersonalizar el propósito —eliminar el ego— y realizarlo desde el alma, disfrutando del proceso.

El propósito es un legado que trasciende el tiempo. Cuando encuentras tu propósito, dura toda la vida, y cada tarea diaria se direcciona hacia él. En muchos casos el propósito trasciende la vida física de quien lo inicia. Entonces, aparecen seres con el mismo propósito que lo adoptan como propio y lo continúan. También seguidores que, con el paso del tiempo, lo transforman en una filosofía de vida. En estos casos, se produce un fenómeno de mente unificada hacia un mismo propósito, en el cual podemos ayudarnos como grupo familiar, profesional, social, ciudadanos de un país y, sobre todo, como seres humanos. Aquel grupo que lo asuma con convicción, grandeza y conciencia, experimentará un punto alto de vibración y energía que se verá reflejado en bienestar, y abundancia, en todos los aspectos de su vida.

La manifestación del propósito —su 100%— consta de dos etapas claramente diferenciadas:

1. Lo que está dentro de tu ámbito de responsabilidad: el Ser y el Hacer. Aquí tu principal función es accionar interior y exteriormente. Es decir, tienes que trabajar en ti, determinar lo que quieres, trazar un camino, actuar y servir con alma y corazón en todos los ámbitos de tu vida.
2. Lo que no está dentro de tu ámbito de responsabilidad: el Tener. Aquí el accionar corresponde plenamente a la divinidad. Tu principal instrumento es la fe. Tienes que ser flexible y adaptarte ante la manifestación tal cual es. También saber interpretar su lenguaje, saber cuándo avanzar, y saber cuándo corregir.

A este plano material venimos a hacer ya que las cosas no suceden solas. En virtud de ello, la clave está en desarrollar el Ser y luego servir en el Hacer —accionar con un hacer consciente, desde el Ser—. Dar lo máximo en esa etapa inicial, para luego descansar cada noche con la satisfacción del servicio realizado, y agradeciendo a Dios por la experiencia. Entonces, desde esa gratitud, lo soltamos al Universo para que se encargue del resto para completar la manifestación. Y luego, ¿Qué hacemos?: tenemos fe sin expectativas. Fluimos y estamos receptivos con actitud de merecimiento. Será lo que tenga que ser, y ¡todo será perfecto!

Veamos en la siguiente tabla como deberíamos actuar en cada etapa:

EN LA ETAPA DEL SER Y EL HACER HAY:
Definición
Decisión
Aprendizaje constante
Observación y reflexión
Experimentación
Planificación que te trasciende
Organización
Acción consciente
Visión del Todo
Conocimiento que se comparte
Trascendencia del ego
Trascendencia de los apegos
Preguntas. Cuestionamiento de todo lo preestablecido
Apertura a los cambios
Integridad en espíritu, mente, emociones y cuerpo
Responsabilidad
Búsqueda del tercer lado de la moneda
Filosofía de vida emprendedora
Equilibrio
Creatividad e Imaginación
Actitud
Gratitud
Servicio desinteresado
Disciplina
Hábitos conscientes
Trabajo e inversión en el Ser
Independencia
Compasión
Amor
Desapego al rol y apego al Ser

EN LA ETAPA DEL TENER HAY:
Fe
Devoción
Flexibilidad
Adaptabilidad
Receptividad

Intención
Manifestación
Desapego del resultado
Expansión
Incertidumbre (necesaria para crecer)
Valentía
Unicidad
Aceptación
Perfección
Integración
Sincronía
Fluidez
Conexión
Confianza

Para cumplir con el propósito dispones de medios o instrumentos. Estos influyen en el *"cómo"* lo haces —no es lo mismo hacer desde el Ser que hacer desde el ego—. A medida que avanzas en tu camino, puedes cambiar los instrumentos, pero nunca cambias el propósito. En determinados casos, el propósito se expande a uno más elevado que contiene al original —sucede cuando la conciencia se expande—.

No existe falta de tiempo para la concreción del propósito. Cuando el Ser da con su propósito, el tiempo aparece y no se desperdicia en cosas superfluas. Así lo expresaba Zig Ziglar, quien fuera un gran escritor y orador motivacional estadounidense: *"La falta de dirección, no de tiempo, es el problema. Todos tenemos días de veinticuatro horas"*.

Como habrás visto, lo que haces con tu tiempo determinará tu vida. Este es un tema que ha captado mi atención y por el cual he dedicado bastante tiempo a investigar y probar. En el libro *"Tus horas milagrosas"* ofrezco consejos y detalles para aprovechar al máximo el tiempo, y desarrollar todo tu potencial en forma consciente, y alineado con tu propósito.

¿Por qué? Porque creo que no debe haber alivio más grande para el Ser que encontrar su propósito, y empezar a ser lo que se es. Todo lo demás queda como algo efímero. Alinearse al propósito tiene que ver con ser verdaderamente íntegro y auténtico con uno mismo, y su esencia. Reencontrarse con el verdadero motivo que originó su llegada a este plano. Sabido esto, la pregunta a responder es: ¿Cómo reconozco o defino mi propósito?

Veamos los siguientes pasos que intentan resumir el proceso de reconexión con el propósito:

1. Renueva o restablece la fe. Nada bueno puede surgir si no tienes fe. Conecta con tu Ser interior para establecer los cimientos que sustentan todo lo siguiente.
2. Define todo aquello que te genera felicidad sin importar la retribución material por hacerlo —me refiero a la retribución emocional, familiar, profesional, social, en la salud, entre otros—.
3. Que trascienda tu persona y sea libre de apegos —que pueda realizarse sin tu presencia—.
4. No te centres en el resultado —este será la consecuencia de tu hacer consciente y pertenece al ámbito del Tener que corresponde a la divinidad—.
5. Disfruta del proceso.

Tendemos a no disfrutar del proceso y a distraernos con el resultado. Cuando en realidad, no hay que buscar el resultado sino vivir la experiencia para entender el proceso. Allí radica el verdadero aprendizaje. Para ello, es necesario comprender que nada real sucede si antes no trabajas en tu Ser.

En todo proceso de transición, siempre hay ganancias; aunque el ego nos hace creer que también hay pérdidas. Si ese proceso lo acompañamos con desarrollo del Ser, entonces la conciencia crece y se expande. Una conciencia expandida no entiende de pérdidas. Solo ve ganancias porque a mayor conciencia menor es el apego y el ego.

La superación personal inicia con la aceptación. Y con ella también llega el salto de fe hacia lo nuevo —paso inevitable y necesario para alcanzar el propósito—. Durante esa transición pueden aparecer momentos duros, pero luego viene el bienestar.

En ocasiones, llega un momento en la vida en que es inevitable dar el salto de fe hacia el propósito, aunque no tengas todas las respuestas. Siempre hay un grado de incertidumbre necesario para crecer.

Autoconocimiento (El gran viaje del héroe)

El autoconocimiento implica conocer o descubrir aquellas bondades de nosotros mismos que no conocemos, así como aceptar las sombras que nos bloquean el avance. Las bondades son tesoros que trae el alma por gracia divina, en forma de dones y talentos. La gran mayoría de ellos requieren ser desarrollados o perfeccionados. Las sombras son los puntos bajos del actual estado conciencial que merecen ser sanados.

El gran héroe de esta era entiende que el proceso de sanación empieza por uno mismo y su autoconocimiento. Dejar de sufrir por todo aquello que creemos importante y al ego le encanta, para luego sanar nuestras emociones, nuestro cuerpo, nuestras relaciones, nuestra profesión, nuestras finanzas, todo. Por este motivo, centrarnos en la profesión como el gran propósito de vida es una definición incompleta y superficial. Nunca alcanzará su máximo potencial si antes no hay una conexión con el Ser para saber quién se es.

El autoconocimiento necesita del reencuentro con el niño interior para sanarlo y así recuperar bondades que trae el alma y han quedado olvidadas. La capacidad de asombro, la alegría por los avances y los logros —por pequeños que parezcan—, el reírse más, el disfrutar, entre tantas otras, son cualidades del niño que debemos recuperar.

El proceso de darte cuenta implica: identificar, aceptar y transformar. Y la autobservación tiene que ser con amor, y neutra de todo juicio porque la revelación llegará cuando abras tu corazón. Allí se produce la apertura del campo áurico que permite ampliar la percepción y ver opciones que antes no veías. Hay un gran tesoro por descubrir en aquello que no conocemos de nosotros mismos y este es nuestro primer gran paso hacia la concreción del propósito de vida. Al tener una percepción ampliada puedes conectar con cualidades no conocidas, ya sean personales como colectivas.

Ahora, para tal transformación, el ego juega un papel protagónico. El ego es una estructura psíquica que se va construyendo desde la infancia, y nace en el momento que el alma encarna. Cuando escuchamos nuevas ideas, inmediatamente las quiere comparar con lo ya conocido —lo que reside en nuestro inconsciente—. Esto no nos permite asimilar, en forma completa, una nueva idea, sino que formamos la mejor idea posible según nuestra historia.

¿Por qué el ego es la causa de todos los males? ¿Cómo nace el ego? El ego es desconexión. Tiene su origen a partir de la primera sensación de miedo que provoca la desconexión con los planos sutiles y la gran conciencia superior, Dios. Tal sensación genera en el Ser —ya encarnado en este plano— su primer pensamiento en solitario: Yo. Ese Yo, fruto de una profunda sensación de soledad, es un pensamiento de separación porque ha olvidado su origen divino —esta es la principal condición para iniciar este juego llamado vida—, y se encuentra perdido en un mundo nuevo. Aquí es donde se gesta la primera herida emocional que nos marcará en nuestros pensamientos y accionar hasta que se produzca el despertar.

Así es que pasamos del gran bienestar de un plano elevado a un plano físico denso. El cambio es realmente duro para el Ser. Si bien los primeros nueves meses trascurren en un ámbito sumamente placentero como es el seno de una madre, este también implica un gran cambio —de allí surge el sentido de supervivencia y autoprotección ante todo hecho de este plano—. Luego, todo lo que sigue lo es aún más porque se empiezan a sumar las creencias y los miedos heredados del clan familiar, y también todo lo colectivo, según época, región, país. Por eso, es tan importante trabajar en uno mismo para trascender el ego, volver a la esencia, y crecer en estados conciénciales.

El proceso de autoconocimiento se hace difícil cuando no hay una guía, un acompañamiento o un método que nos facilite el camino. Ahora cualquiera de estos requiere de tu propio criterio cuestionador que viene de tu intuición y percepción, aunque estés condicionado por tus creencias limitantes y programas inconscientes. Inclusive, aunque los tengas te llevarán a la respuesta que buscas. Toda guía o método puede ayudar a que el camino no sea tan difícil, pero se requiere de tu aporte personal. Aunque habitualmente pretendemos hacer lo menos posible y obtener resultados excelentes.

Esto me recuerda la historia sufí acerca del maestro, el discípulo y la manzana. La historia dice así:

"El Maestro sufí contaba siempre una parábola al finalizar cada clase, pero los alumnos no siempre entendían el sentido de la misma.
– Maestro – lo encaró uno de ellos una tarde. Tú nos cuentas los cuentos, pero no nos explicas su significado...
– Pido perdón por eso (Se disculpó el maestro). Permíteme que en señal de reparación te convide a una rica manzana.
– Gracias maestro (respondió halagado el discípulo)
– Quisiera, para agasajarte, pelarte tu manzana yo mismo. ¿Me permites?
– Sí. Muchas gracias (dijo el discípulo)
– ¿Te gustaría que, ya que tengo en mi mano un cuchillo, te lo corte en trozos para que te sea más cómodo?...
– Me encantaría... Pero no quisiera abusar de tu hospitalidad, maestro...
– No es un abuso si yo te lo ofrezco. Solo deseo complacerte... Permíteme que te lo mastique antes de dártelo...
– No maestro. ¡No me gustaría que hicieras eso! Se quejó, sorprendido el discípulo.

> *El maestro hizo una pausa y dijo: – Si yo os explicara el sentido de cada cuento y respondiera a cada una de vuestras preguntas... seria como daros de comer una manzana masticada"*

Recuerda: es tu camino y nadie puede hacerlo por ti —eres tu propio héroe—. Las experiencias de otros pueden ayudarnos a sortear de mejor forma los retos que se presentan, pero inevitablemente tendrás que vivenciar tus propias experiencias. El mismo proceso de desarrollarlas te dará los regalos en forma de aprendizaje que ofrece el viaje del autoconocimiento.

Evita la justificación y la victimización. Son formas de tapar tus miedos inconscientes y así trasladarlos a otros. Richard Bach dijo: *"Justifica tus limitaciones y las tendrás"*.

Para recordar la esencia y reconectar con ella es necesario atravesar puertas que guardan detrás un tesoro enorme de posibilidades y potencialidades por descubrir de nosotros mismos y de todo lo que nos rodea. Es recordar eso que ya sabes pero que habías olvidado, porque estabas dormido.

Para atravesar las puertas se requieren llaves energéticas que permitan abrir el campo áurico y expandir nuestro discernimiento. Ellas son las preguntas poderosas. Preguntas claves en todo proceso de autoconocimiento junto a su correlación con la línea de tiempo:

- ¿Quién soy? ¿Me amo? (Hoy)
- ¿Cuáles son mis imperfecciones? ¿Me acepto con mis imperfecciones? (Hoy)
- ¿Por qué soy así? ¿Por qué estoy aquí? (Pasado)
- ¿Cuáles son mis valores y principios de vida? (Hoy)
- ¿Soy integro? ¿Soy coherente con lo que siento, pienso, digo y hago? (Hoy)
- ¿Qué me molesta o enfada? ¿Qué siento sanar para avanzar en mi vida? (Hoy)
- ¿Me permito expresar lo que siento o lo reprimo? (Hoy)
- ¿Qué no quiero escuchar? (Hoy)
- ¿Cómo veo al mundo? ¿Cómo veo a los demás? (Hoy)
- ¿Cómo me relaciono con el mundo? ¿Cómo me relaciono o trato a los demás? (Hoy)
- ¿Cómo me veo? ¿Me identifico con algo de lo que veo en los demás? (Hoy)
- ¿Estoy viviendo como deseo? (Hoy)
- ¿Qué hago en mi vida que no quiero hacer? ¿Qué no hago en mi vida que si quiero hacer? (hoy)
- ¿Cuáles son mis dones y talentos? (Hoy) y ¿Cuáles tengo que potenciar? (Proyección hacia el futuro)

- ¿Creo en mí? ¿Creo en algo fuera de mi? (Hoy)
- ¿Cuáles son mis miedos? ¿Cuáles son mis creencias limitantes? (Hoy) ¿Cuáles se repiten en mis antepasados? (Pasado)
- ¿Cuáles son mis heridas emocionales? ¿Cuál es mi herida primaria? (Hoy)
- ¿Quiénes me rodean? ¿A quiénes frecuento? ¿Cómo es mi entorno intimo? ¿Disfruto de mi entorno intimo? (Hoy)
- ¿He brindado, verdaderamente, amor a alguien? (Pasado)
- ¿Herí a alguien en pensamiento, palabra y/o acción? ¿A quiénes? (Pasado)
- ¿Me he perdonado? ¿Me he disculpado con los que herí? (Pasado)
- ¿De quién dependo? ¿Quién depende de mí? (Hoy)
- ¿Qué es lo mejor que puedo hacer por otros sin importar la retribución? (Hoy)
- ¿Cuál es el orden de prioridad de los ámbitos de mi vida? ¿Del 1 al 10 como estoy en cada uno de ellos? (Hoy) y ¿Cuáles tengo que mejorar? (Proyección hacia el futuro)
- ¿Qué tengo? ¿Qué no tengo? (Hoy) ¿Qué me gustaría alcanzar? (Proyección hacia el futuro)
- ¿Qué me apasiona? (Hoy)
- ¿Cómo administro mi tiempo? (Hoy) ¿Me gustaría mejorarlo? (Proyección hacia el futuro)
- ¿Qué disfruto hacer en mi tiempo libre? (Hoy)
- ¿Cómo está mi salud? (Hoy)
- ¿Cuáles son mis enfermedades? (Hoy) ¿Cuáles se repiten en mis antepasados? (Pasado)
- ¿Medito? (Hoy)
- ¿Hago ejercicios físicos? (Hoy)
- ¿Cómo me alimento? ¿Qué pienso acerca del alimento? (Hoy)
- ¿Cómo es mi vida profesional o laboral? ¿Disfruto de mi profesión? (Hoy)
- ¿Para qué realizo esta profesión? ¿Qué me moviliza a realizarla cada día? (Hoy)
- ¿Soy líder? ¿Qué tipo de líder soy? ¿Qué lidero? (Hoy)
- ¿Cuál es mi creencia acerca del dinero? ¿Cómo están mis finanzas personales? ¿Invierto? ¿Cómo es mi cartera de inversión? ¿Genero ingresos pasivos por mis inversiones? (Hoy) ¿Estoy repitiendo patrones financieros de mis antepasados? (Pasado)
- ¿En qué dogma político creo? ¿En qué dogma religioso creo? (Hoy)
- ¿Qué significa el éxito para mí? ¿Qué triunfo personal deseo alcanzar? (Hoy)

- ¿Qué legado quiero dejar a mi entorno y/o a la humanidad? (Proyección hacia el futuro)
- ¿Para qué nací? ¿Para qué vine al mundo? ¿Cuál es mi propósito de vida? (Proyección hacia el futuro)
- ¿Hacia dónde voy? ¿Qué quiero ser? ¿Qué no quiero ser? (Proyección hacia el futuro)

El autoconocimiento nos lleva a despertar todas las cualidades dormidas que están a la espera de ser descubiertas por cada Ser. Estas preguntas son una guía que pueden ayudarte a despertar y conocerte.

En las sesiones de Decodificación Emocional®, BioNeuroCoaching® o BioNeuroManagement® aplico la técnica del Eneagrama de la personalidad para conocer al consultante y guiarlo a descubrir sus luces y sombras.

El Eneagrama es como una matriz de vida y permite al consultante verse en forma integral para descubrir todo su potencial olvidado. Es una herramienta fundamental para avanzar con el espiral evolutivo de sanación y crecimiento. También es una matriz de talentos donde puedes ver aquello que traes innato y te ayudará a transitar tu camino hacia el vislumbre del propósito de vida.

Si bien nos identificamos mayormente con un Eneatipo, el viaje del autoconocimiento nos invita a integrar todas las bondades de los nueve eneatipos para alcanzar la verdadera autorrealización. Para ello necesitamos vincularnos con el exterior a través de las relaciones y la profesión —lo que veremos en los próximos capítulos—. ¿Cómo te ves a partir de lo vínculos? ¿Cómo te relacionas? ¿Cómo es tu dar en las relaciones y los productos/servicios que ofreces? ¿Cómo crees que te ven los demás?

Soy testigo de lo que estas enseñanzas han realizado en mi vida y en la vida de cientos de consultantes que me han considerado una opción en sus vidas.

Cuando decidís por amor a ti mismo hay una fuerza espiritual que te sostiene y te impulsa a seguir. Empezar a sanar desde el amor y no más desde el dolor. Esto es propio de la nueva era. Esto ayudará a acelerar el proceso de evolución conciencial de la humanidad.

Para ello hay que reconocer las viejas programaciones y creencias que nos han dado un resultado en forma de dolor y de sufrimiento. La perfección divina te lo refleja a través de una experiencia con un familiar, un colega de trabajo, un amigo, un desconocido en la calle, etc.

Por lo general tenemos una perspectiva muy condicionada de las situaciones que nos suceden. Ante eso al Universo le encantan las preguntas. Y al hacerlas pones en marcha la sanación. Porque solo a partir de las preguntas llegaran las respuestas.

El pensamiento positivo por sí solo no alcanza, hay que ir más allá. Reconocer la emoción, observarla, aceptarla, y recién ahí te preguntas ¿Qué tengo que aprender con esto que me sucedió? ¿Que no estoy comprendiendo? ¿En quién debo convertirme para resolver este problema? ¿En qué estado de conciencia este problema no existe? Recién allí inicia la sanación. Posteriormente podrás sumar instrumentos para crecer y expandir lo conocido.

¿Cuándo nace el nuevo estado conciencial? Con las preguntas que te haces. Lo que se ve luego en hechos concretos corresponde a los efectos resultados de esas preguntas y como fueron abordadas, desarrolladas. En ese tramo entre la pregunta y el hecho concreto es dónde está el desafío —miedos a trascender, creencias limitantes, viejos paradigmas, etc.—.

Y ¿Qué pasa si fracaso? NADA. Sigue avanzando. No eres tus fracasos. No existen perdedores en esta escuela de aprendizaje divina. Si te olvidas de la necesidad de ganar, entenderás que no existen los perdedores ni los fracasos. Todo es una ilusión creada por el ego. El fracaso es, simplemente, el resultado de haber intentado algo. A su vez, todo resultado es la consecuencia de una acción que lo antecede. Los resultados son neutros. Lo que importa es la manera en que interpretes ese resultado —según el desarrollo de tu discernimiento—, y las nuevas acciones que realices a partir de ello. En la vida no se gana o se pierde, en la vida se aprende; y todo lo que experimentes servirá para expandir tu conciencia a niveles superiores.

Como dijo mi amigo y mentor Raimon Samsó: *"Negar nuestra verdadera identidad, nuestro YO SOY, es separación y con la separación, nacen todos los conflictos en el mundo porque creer en la separación genera miedo; y el miedo es el origen de todos los conflictos del mundo. Jesús se identificó con la Divinidad, 'Yo Soy como mi Padre. Uno con Él'. Piensa en esto, sea lo que sea que eres, lo has sido siempre y lo serás por la eternidad sin principio ni fin. Sea lo que sea lo que quieres ser, ya lo eres ahora."*

Estamos ante un gran cambio de conciencia en la humanidad, propio del conflicto energético que genera el fin de una era y el inicio de otra nueva. Como en toda crisis hay duelos internos a trascender para alcanzar la meta. Ahora algo externo —por ejemplo, la pandemia iniciada en el año 2020— nos muestra que el problema estaba ahí, quizás oculto por una pseudo área de confort. Pero cuando las variables exteriores cambian entonces todo sale a la luz y se materializa en forma de crisis. Estas existen mucho tiempo antes de que se llega a su etapa final —su explosión—. Pero cuando no está clara la meta es fácil perderse.

Como dijera el maestro Paramahansa Yogananda: *"Los retos, que sea que surjan, son dados por Dios para nuestra superación"*. Gran parte de lo que nos sucede como humanidad es el resultado de una causa de separación: hoy todo es discutible, inclusive las grandes enseñanzas. Se han perdido los parámetros de lo que corresponde hacer. Y justamente esta trampa del juego nos distrae y roba muchísima energía.

En términos de energía y vibración, no todo es discutible. Siempre las propuestas de alta energía y vibración nos brindarán mejores resultados que las propuestas contrarias.

En este plano, somos seres condicionados desde el primer instante en que el alma encarna. Por lo tanto, debemos asumir verdades absolutas que no merecen la mínima discusión. Simplemente se las debe comprender y trascender porque son enseñanzas elevadas. Enseñanzas directas de Dios a través de grandes maestros iluminados o agentes de cambio que han pisado este planeta. Toda discusión termina ante estas enseñanzas. Por este motivo, no todo es discutible. Más aún si lo discutible proviene de seres regidos por bajos estados conciénciales propensos al conflicto constante.

Como vimos anteriormente, todo es Dios asumiendo un rol o un personaje en el juego. Y como en todo juego, hay que trascender las trampas. Esto me recuerda al famoso tango argentino llamado Cambalache que dice así:

"... Hoy resulta que es lo mismo ser derecho que traidor
Ignorante, sabio o chorro, pretencioso estafador
Todo es igual, nada es mejor
Lo mismo un burro que un gran profesor
No hay aplazados, ¿qué va a haber? Ni escalafón
Los inmorales nos han igualado
Si uno vive en la impostura y otro afana en su ambición
Da lo mismo que sea cura, colchonero, rey de bastos
Caradura o polizón
¡Qué falta de respeto, qué atropello a la razón!
Cualquiera es un señor, cualquiera es un ladrón..."

Valor en latín significa fortaleza. Nuestros valores y principios nos dan fortaleza. A las preguntas, antes formuladas, debes darle un marco que será tu guía en la vida. Se trata de valores, principios, ética y, sobre todo, conciencia. Lo que definas será tu ley de vida. Es inalterable y sólo crece.

Contar con esta definición de quién eres te libera fácilmente de las complejas y diversas decisiones que se presentan diariamente. Rápidamente, descartarás toda propuesta que no esté alineada a tu misión y valores de vida. Se despejan las dudas y también los problemas. Hará tu vida realmente simple.

Los **Valores** transmiten quién eres. Hablan de ti, tu personalidad. Estos se enlazan sutilmente con la misión de vida, y junto con los principios te brindarán un marco adecuado para llevarla a cabo.

Los **Principios** tienen que ver con las formas, el *"¿Cómo lo hago?"*. Muchas pueden ser las formas de materializar lo que quieres. Por esta razón, el cómo lo haces es importante.

Alguien podrá decir, con justa razón, que hay personas que han realizado hechos horrendos hacia la humanidad, regidos por sus valores y principios muy claramente definidos. Así es. Por esta razón, considero que hay que agregarle algo más para que los valores y principios estén en línea con una energía elevada.

Entonces, además de estos, también hay que considerar la ética y la conciencia. Estos últimos son los que consideran el buen accionar y la voluntad divina, respectivamente. Estos terminan por descartar cualquier valor o principio que no esté alineado a ellos.

La **Ética** tiene que ver con el compromiso de uno mismo a ser mejor persona y actuar con buena fe. El solo hecho de actuar con ética sería un gran avance para la humanidad. Pero no alcanza, falta algo más.

La **Conciencia** brinda el marco universal a todo lo anterior. La conciencia tiene que ver con tu espíritu, con lo que eres en verdad, y aceptar que formas parte de un todo —un Universo que nos incluye a todos los seres vivos—.

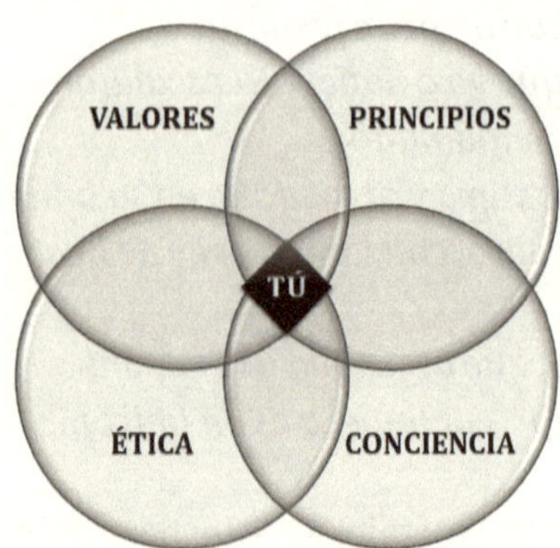

Hay coherencia e integridad cuando lo que sientes, piensas, dices y haces está alineado a lo definido en estas cuatro áreas. Ser congruente e íntegro es propio de un Ser que ha asumido con total nobleza su camino hacia la conciencia. Ser congruente e íntegro es una de las condiciones esenciales para la transcendencia y la autorrealización.

Cualquiera sea el hecho que suceda, lo que definas para estos cuatro pilares de tu vida, nunca cambian. En todo caso mejoran, sumando ideas que no se tuvieron en cuenta, pero siempre en concordancia con lo inicialmente definido —siendo la conciencia la que rige al resto de los pilares—.

Así es como actuaban los grandes maestros y agentes de cambio de la humanidad. Así podrás reprogramar tu mente a partir de tu trabajo interior y definir quién eres y quien quieres ser. Cuando el anhelo es acompañado con fe y convicción, se abre un campo áurico que potencia la materialización y se acortan los tiempos de su concreción.

Únicamente trabajando en tu Ser podrás expandir tu conciencia. Para ello es necesario mayor discernimiento que se logra con voluntad y nuevo conocimiento. También abandonar viejas creencias, percepciones y pensamientos que limiten tu expansión. Iniciar un camino de autoconocimiento creando un nuevo Yo que trascienda al Yo actual. De esa manera podrás reemplazar los viejos paradigmas por otros más elevados, y manifestar nuevas realidades que te acerquen al cumplimiento de tu propósito.

Swami Sri Yukteswar Giri, maestro de Paramahansa Yogananda, expresó lo siguiente acerca del trabajo interior que todo Ser debe realizar: *"La conducta de cada Ser será siempre imperfecta mientras no haya establecido su conciencia en la Divinidad. Todo mejorará en el futuro, si estás haciendo un esfuerzo espiritual en el presente"*[14].

Primero trabajo en mi Ser, luego potencio mi Ser Humano. Trabajar en el Ser es moldear la base que sustenta el desarrollo del Ser Humano.

Actualmente existe mucha información, y una gran cantidad de expertos sobre el funcionamiento del cerebro humano y las neurociencias. Y está muy bien aprender y saber al respecto. Ahora, el verdadero potencial que ofrece dicha información no será alcanzado si antes no se trabaja en los cimientos —la conciencia y el Ser—.

Todo logro alcanzado a través de instrumentos superficiales no perdura en el tiempo. Son endebles y faltos de sustento ante cualquier situación exigente que se presente en la vida. No alcanzará con conocer el funcionamiento del cerebro sin antes comprender y conectar con la esencia que existe detrás.

A lo largo de la vida se nos presentan situaciones difíciles que, inicialmente, superan nuestro nivel de comprensión y tenemos que responder rápidamente. En esos casos nos encontramos ante dos opciones básicas —así como trascendentales—: *"sí o no"*. Y lo más llamativo es que un buen *"no"* es tan importante como un buen *"sí"*. Si bien un buen *"no"* puede parecer negativo, cuando es dicho a tiempo y con total convicción es determinante para avanzar con el propósito de vida y, más aún, en el camino de conciencia.

¿Cuándo podemos discernir entre un buen *"no"* o un buen *"si"*? Cuando establecemos valores y principios que dan dirección a nuestra vida. Mahatma

---

[14] Libro "Autobiografía de un Yogui" de Paramahansa Yogananda. Publicado por Self-Realization Fellowship, Los Ángeles (California), 2006, Capítulo 12, Página 173.

Gandhi había establecido muy bien los suyos y ante circunstancias extremas decía: *"No puedo reducir el nivel de mis ideales para adaptarme a las circunstancias"*[15]. Una vez establecidos con convicción, son inalterables. No se negocian porque son la base de nuestro Ser —nuestra esencia—. Esto nos permite reducir drásticamente el tiempo de las decisiones complejas. Es como un tamiz o un filtro; solo entra aquello que esté en sintonía con lo definido. Nos volvemos impermeables ante el contexto externo, y nos enfocamos en nuestro camino y propósito. ¿Cuántos de nosotros vamos por la vida sin definir valores y principios?

Muy pocas personas definen valores y principios de vida porque eso los compromete a una responsabilidad más grande que su vida actual. Enfrentarse a la aceptación de los valores y principios de vida es un acto de conciencia y valentía. Se siente desde el corazón, y lleva la impronta del alma. Esas palabras marcarán tu vida y el camino a transitar, acelerarán tu proceso y permitirán que no salgas de tu ruta adecuada. Todo aquello que llega a nuestra vida la determina. De igual manera el camino que estamos transitando.

Vivimos en una constante fuente de oportunidades. Todo hecho que se nos presenta es una oportunidad de evolucionar. Cuando empiezas a conocerte el Universo iniciará su labor de unir los puntos y mostrártelos en forma de casualidad. Puedes ser luz para muchas personas mientras trabajas en tus sombras. Todos estamos aquí para ser luz mientras sanamos y crecemos.

Creo en todo lo que te he transmitido en este y otros libros, seminarios y conferencias. Toma lo que más resuene en tu presente y date lugar para transformar todo aquello que sientas. Ponte pequeñas metas y bríndate al 100%, luego frena y observa la nueva versión de ti. Luego ajusta, agrega lo nuevo y continua en este ciclo virtuoso hacia ti mismo.

Todo aquello que has aprendido se verá reflejado en tu mensaje o en tu obra —todo aquello que emana de ti—. Los seres no podrán entender totalmente tu aprendizaje, pero si podrán comprender parte de este. Eso que comprendan, cada uno a su manera, les servirá para avanzar un pasito más en sus vidas. Tu obra habrá impactado de esta manera en miles de vidas. Además, tus obras permiten retroalimentarte, en las experiencias, con las devoluciones de los demás y así mejorar todo aquello que emites. Ese ciclo virtuoso retroalimenta a todos los involucrados en el gran toroide universal ¿Existe una gracia mayor?

---

[15] Libro "Autobiografía de un Yogui" de Paramahansa Yogananda. Publicado por Self-Realization Fellowship, Los Ángeles (California), 2006, Capítulo 44, Página 627.

Tres aprendizajes que me ha ofrecido el capítulo:

10) ....
....

11) ....
....

12) ....
....

Otras notas destacadas del capítulo:

....
....
....
....
....
....
....
....
....
....
....
....
....
....
....
....
....
....
....
....
....
....

Capítulo 5: **Las trampas del juego**

"En tiempos de cambio, quienes estén abiertos al aprendizaje se adueñarán del futuro, mientras que aquellos que creen saberlo todo estarán bien equipados para un mundo que ya no existe".

Eric Hoffer

La mente

La mente es como un vidrio sucio, si lo pongo bajo el sol, no permite reflejar su luz. De igual manera, si la mente está sucia no puedo darme cuenta del Ser que realmente soy, y menos aún encontrar el propósito de vida. Tantos pensamientos y perturbaciones hacen que la mente no pueda funcionar como un nexo entre el Ser y lo humano. Si la mente no funciona bien, se pierde la conexión con el Ser y aparecen las inseguridades.

El miedo crece cuando la mente es débil. Y la debilidad se acrecienta cuando las creencias y los programas inconscientes predominan fuertemente en cada pensamiento. Este es un punto clave a sanar y reparar porque allí encontraremos una gran causa de desconexión con el Ser y el origen de las situaciones de sufrimiento y enfermedades. Por lo tanto, la que enferma es la mente débil. El cuerpo solo es un instrumento de expresión para la enfermedad. El cuerpo es el efecto de la causa.

Para la mente no hay cosas buenas o malas. El ego es quien las etiqueta, y lo hace a través de las creencias. En la filosofía hindú enseñan: *"Por la mente te encadenas, y por la mente te liberas"*. En la medida que trabajes en tu Ser, empezarás a purificar tu mente de las influencias inconscientes y karmáticas.

El problema es que, inicialmente, la mente se identifica más con su parte humana, se ha olvidado por completo del Ser. Y entonces, una mente separada de su esencia solo ve *"problemas"* —sin importar el nivel intelectual de la persona—. Una mente dormida no reconoce al Ser, no se identifica con él.

A la mente hay que brindarle contenido de valor y de energía elevada. Así la mente deja de estar regida por las emociones y los sentidos. Empieza a ser guiada por la gran conciencia o mente superior, Dios. Allí es donde la magia se produce.

El discernimiento es la clave. Tenemos que lograr que el discernimiento dirija a la mente. Discernir es distinguir entre lo real y lo no real. Empezar a elegir lo real —nuestra esencia espiritual— para lograr felicidad. El discernimiento es la primera cualidad que tienes que desarrollar, y es lo único que te permitirá elevar la conciencia. Si el discernimiento no emerge, la mente se vuelve esclava de los sentidos, y se mueve entre lo que le gusta y lo que no le gusta al ego.

Es necesario entender que la mente es un gran instrumento que debemos aprender a usar. Los principales recursos que nos brinda son: la imaginación y la intuición. Pero tales bondades solo serán posibles si transformas las *"imperfecciones"* que interfieren para conectar con la gran conciencia. Allí radica toda la creación, por lo tanto, podrás acceder a manifestar la creación cuando estés en sintonía con ella. En esa instancia sagrada experimentarás la magia y tu mente dejará de ser guiada por los sentidos para ser comandada por el gran creador de todo.

En algunas ocasiones he escuchado que la mente se acalla cuando empezamos a actuar desde el corazón. Sin embargo, el corazón —influenciado por el Anahata Chakra o Chakra Cardiaco— tiene una función más relacionada con el equilibrio en las emociones que provienen de los chakras inferiores. Por este motivo, no sirve reemplazar mente por corazón porque ambos tienen propósitos diferentes, aunque complementarios para avanzar en el camino de conciencia.

Quien debe llevar las riendas es el Ser, el alma, que reside cerca del Ajna Chakra o Sexto Chakra —gran fuente de poder para la intuición, la clarividencia y la percepción extrasensorial—, y luego vienen mente y corazón.

La mente es sutil y, si bien, está muy cercana al Ser, inicialmente es influenciada por los sentidos —que son una de las tantas caras en que se muestra la separación producida por el ego—, hasta que se produce el despertar espiritual. Desde ese momento empieza la lucha interna de la mente para ser comandada por el Ser e iniciar la conexión con la gran conciencia.

En cambio, el corazón, con emociones equilibradas y a partir del gran poder vibracional de sus neuronas, será el puente que abre el campo áurico de posibilidades para conectar nuestra parte más terrenal con la espiritual a través del amor y la compasión —por tal motivo es el Chakra Medio—.

La mente no discierne, siempre es guiada. Inicialmente por las emociones y las creencias —dependiendo del nivel de vibración de estas totalmente ligado al estado conciencial de la persona—. Cuan menor sea la vibración, mayor es el grado de desconexión o ego.

Las emociones de baja vibración y creencias limitantes son propias de este plano y nos muestran las sombras que venimos a transformar. Estas confunden a la mente. Para lograr que la mente deje de alterarse, y potenciar esta conexión sutil, es necesario lograr equilibrio, paz y armonía. Allí es donde el autoconocimiento se torna clave.

Baja autoestima

Un hombre cargador de agua de la India tenía dos grandes vasijas que colgaban a los extremos de un palo y que llevaba encima de los hombros. Una de las vasijas tenía varias grietas, mientras que la otra era perfecta y conservaba toda el agua al final del largo camino a pie desde el arroyo hasta la casa de su patrón; en cambio cuando llegaba, la vasija rota solo tenía la mitad del agua.

Durante dos años completos esto fue así diariamente, desde luego la vasija perfecta estaba muy orgullosa de sus logros, pues se sabía perfecta para los fines para los que fue creada. Pero la pobre vasija agrietada estaba muy avergonzada de su propia imperfección, y se sentía miserable porque solo podía hacer la mitad de todo lo que se suponía que era su obligación.

Después de dos años, la tinaja quebrada le habló al aguatero:

- "Estoy avergonzada y me quiero disculpar contigo porque debido a mis grietas solo puedes entregar la mitad de mi carga y solo obtienes la mitad del valor que deberías recibir".

El aguatero le dijo compasivamente:

- "Cuando regresemos a la casa quiero que notes las bellísimas flores que crecen a lo largo del camino". Así lo hizo la tinaja. Y en efecto, vio muchísimas flores a lo largo del trayecto. Sin embargo, se sintió apenada porque solo quedaba dentro suyo, la mitad del agua que debía llevar.

El aguatero le dijo entonces:

- "¿Te diste cuenta de que las flores solo crecen en tu lado del camino? Siempre he sabido de tus grietas y quise sacar el lado positivo de ello. Sembré semillas de flores a lo largo del camino por donde vas y todos los días las has regado y por dos años yo he podido recoger estas flores. Si no fueras exactamente como eres, con todo y tus defectos, no hubiera sido posible crear esta belleza".

Cada uno de nosotros tiene sus propias grietas y en nuestra educación y experiencia las pulimos. Todos somos vasijas agrietadas, pero debemos saber que siempre existe la posibilidad de aprovechar las grietas para obtener hermosos resultados.

Cuento anónimo: Todos tenemos grietas

El proceso del autoconocimiento es un camino sinuoso donde se requiere trabajar las heridas. Ello mejora nuestra autoestima y fuerza interior para seguir desarrollando las siguientes etapas del proceso. A mayor autoconocimiento, mayor conciencia. Y esto deviene en mayor responsabilidad por cada acto además de acelerar tu proceso de evolución conciencial.

Un sabio anónimo dijo: *"Si todo tiene que estar bien a nuestro alrededor para tener un poco de alegría entonces somos esclavos de las circunstancias"*. Cuando nada a tu alrededor es seguro, trabaja en ti. Esa inseguridad que vez fuera es una proyección de tu inseguridad dentro. Trabaja en tu sanación inconsciente para crecer en forma consciente. Eso está dentro de tu ámbito de responsabilidad. Luego, el exterior se acomodará.

Cuando recibes un revés no te victimices ni culpes a otros por lo que te sucede. Intenta alejarte para verlo desde otra perspectiva, entonces desde ese nuevo lugar podrás abstraerte de esa realidad y conectar con el campo cuántico que, seguramente, te ofrecerá nuevas opciones. Luego del entendimiento, trabaja en ti, en tu proceso de sanación y crecimiento para seguir avanzando.

Toda forma de cercenar el dolor es negar el proceso de evolución que estas destinado a realizar ¿Crees qué un suicida siente realmente matarse o qué siente matar su dolor? ¿Quién es más fuerte?

Cuando no se ha dado con el propósito, la vida es confusa y dolorosa. Tal sensación produce una baja autoestima que derivará, inevitablemente, en una crisis existencial. ¿Quieres mejorar tu autoestima? Inicia un proceso de autoconocimiento con total amor y convicción. El resto se manifestará.

A partir del amor propio aparecerá el primer vislumbre del propósito de vida, entonces el estado vibracional del Ser se expande y crece. Nuestras células se transforman y nuestro estado de ánimo mejora. Así empezamos atraer a las personas, recursos, relaciones, y demás instrumentos para llevar a cabo las misiones de vida en cada ámbito.

Desde esa sincronicidad y energía, surge las cualidades divinas del Ser para llevar a cabo su propósito: amor, voluntad, disciplina, autenticidad, iniciativa, compromiso, perseverancia, concentración, enfoque, simplificación, discernimiento, disfrute, entre tantos otros. Todo surge de la autoestima y está de haber sintonizado con el amor propio.

El regalo que se nos concede es vivir una vida llena de experiencias que nos permita experimentar felicidad, regocijo, amor, bondad, también dolor, necesarios para avanzar en el camino. Esa experiencia que se realiza a través nuestro requiere de total humildad y gratitud. Cada acción nuestra contribuye al proceso de autoindagación y autoconocimiento de la fuente creadora de vida, Dios. Este es su proceso y nosotros somos instrumentos para que dicho proceso se realice y sumemos al gran proceso universal.

Si una persona se quiere de verdad y asume con amor, fe y convicción su proceso entonces conectará con su esencia y propósito. A partir de allí tendrá, al menos, el 80% del camino allanado.

Los distractores y otros posibles drenajes de energía

- *Papá, estoy oyendo el ruido de una carreta que se acerca.*
- *Muy bien —respondió su padre—. Tienes razón, se está acercando una carreta vacía.*
- *¿Cómo sabes que es una carreta vacía si aún no la has visto?*
- *Entonces el padre respondió: Es muy fácil saber cuándo una carreta está vacía por el ruido que hace. Cuanto más vacía esta la carreta, mayor es su ruido.*

Cuento anónimo: ¿Vacía o llena?

Es importante saber que existen importantes distractores sociales que generan creencias negativas, y frecuencias de muy baja vibración. Estos, además, nos mantienen alejados de la verdad y nuestra esencia. Estas creencias externas, que asumimos como propias, frenan nuestro potencial porque, basados en ellas, condicionamos nuestros pensamientos y nuestro accionar.

Más allá de que encuentres tu propósito, el llevarlo a cabo requiere de una alta vibración, y ello depende exclusivamente de ti. Por este motivo, es primordial que puedas abstraerte de todo modelo de realidad social basado en creencias negativas, erradas y, en muchos casos, obsoletas.

En la nueva era de la conciencia —donde abunda la información—, se ha tornado muy complejo discernir lo que sirve y lo que no. Hacernos esta simple pregunta puede marcar la diferencia en los resultados que obtendremos: *"¿Esto que estoy viendo/leyendo/haciendo suma valor a mi vida o me acerca a la realización de mi propósito?"*. Seguramente vendrán a tu mente muchas respuestas, pero tendrás que aprender a diferenciar cuales realmente te acercan a la verdad.

En este mundo de dualidades, y dónde existen muchos distractores que disipan la energía, es muy importante mantenerse en equilibrio. Todo lo escrito en este libro apunta a ello. Por eso es que en este plano estas ante el gran desafío de administrar muy bien tu energía y tu tiempo. Solo tú sabrás hasta qué punto puedes dedicar tiempo a actividades que no suman a la realización de tus sueños, misión y propósito. Buscar el equilibrio, entre lo transitorio y lo real, es tu responsabilidad, de nadie más.

David R. Hawkins en su libro *"El poder frente a la fuerza"*[16] plantea que todos los objetos de nuestro hogar, los alimentos que consumimos, los libros que leemos, la música que escuchamos y los programas de televisión que miramos, todos tienen su propia energía y vibración. Sabiendo esto, es bueno que asumamos el papel de observador y podamos entender por qué miramos determinados programas de TV ¿Qué buscamos en ellos? Cuando miramos un noticiero que presenta un sin fin de malas noticias —robos, asesinatos, crisis, peleas, abusos, entre tantos otros—. Cuando vemos un programa de chimentos o telenovelas basadas en miedos, engaños, estafas, peleas, celos, apegos, etcétera ¿Qué buscamos realmente?

Muchas veces creemos que, de esa manera, nos estamos informando o entreteniendo. Nada más lejos de lo real. Al mismo tiempo que nos muestran una noticia que genera miedo, ocurre que cientos de seres realizan tareas que agregan valor al mundo para que este sea un poco mejor. La única diferencia es que estos no son noticia.

Por todo lo expuesto anteriormente es valioso que reconsideres:

- La música que escuchas —especialmente presta mucha atención a la letra de las canciones—.
- Los libros que lees —puedes medirlos vibracionalmente. El libro que tienes en tus manos fue escrito considerando su energía y vibración—.
- Los programas de TV que miras.

Todos administramos energía, y es uno de los activos más valiosos que disponemos para transitar en la nueva era de la conciencia y la integración. Algunos lo hacen manifestando metas elevadas, otros lo hacen en atraer sufrimiento, dolor y escasez a su vida. Ambos grupos administran su energía, solo se diferencian en el cómo lo hacen y hacia dónde la direccionan. ¿A cuál grupo te apuntas?

Ten en cuenta que, si todo es energía y vibración, por principio básico entonces la energía está en constante movimiento —ese es su fin principal—. Por lo tanto, tiende a desplazarse y para ello adopta el vehículo de manifestación que tenga a disposición. No se detendrá. Y si pones resistencia puede manifestarse en ti como algún tipo de dolencia física o emocional —ansiedad, miedos, etc.—.

Así como el agua del deshielo de las montañas busca su mejor cause y vertiente mientras avanza, la energía siempre buscara un medio para ser

---

16 Ediciones El Grano de Mostaza, Año 2014, Edición digital de Google Play Books.

direccionada. Poner resistencia seria querer controlar algo que esta fuera de tu ámbito de responsabilidad. Entonces ¿Qué puedes hacer? Puedes direccionarla y administrarla de manera coherente para tu propio beneficio. Ello si corresponde a tu ámbito de responsabilidad.

En muchos casos vamos a sentir que tenemos un cumulo de energía que nos desborda, similar a como sucede con un embalse y una presa que acumula mucha agua de rio, entonces puedes elegir que compuertas abrir para direccionarla.

Les contaré un ejemplo de mi vida personal. En un momento disponía de tanta información, producto de mi búsqueda personal, que me sentía desbordado y que no podía guardarme todo eso que llegaba a mi vida —más aún cuando esa información empezaba a llegar a través de visualizaciones y canalizaciones durante meditaciones o mientras mi Ser se expandía con nuevo aprendizaje—. De ahí surgió la necesidad de encausar toda esa energía hacia la escritura. Allí encontré una pasión, un puente de conexión, un gran instrumento para liberar energía retenida y, además, realizar un aporte de valor a la humanidad. Un ganar/ganar completo.

De igual manera lo podrás hacer para tu vida. Siempre debes tener una compuerta por donde liberar tu energía, y el cómo lo hagas marcará un antes y después en tu camino de avance conciencial, felicidad y autorrealización.

Tiene enormes beneficios energéticos aprender a redireccionar la energía hacia lo que es realmente importante para ti, y eso seguramente estará en sintonía con tu propósito de vida. Es decir, todo lo que hagas que no está en alineado a ello, es energía perdida.

En el libro *"Tus Horas Milagrosas"* podrás encontrar un capítulo dedicado a este tema con todo el detalle acerca de los grandes dispersores de energía y como transformarlos.

Tres aprendizajes que me ha ofrecido el capítulo:

13) ....
....

14) ....
....

15) ....
....

Otras notas destacadas del capítulo:

....
....
....
....
....
....
....
....
....
....
....
....
....
....
....
....
....
....
....
....
....
....

Parte III: MISIÓN ÁLMICA: RELACIONES CONSCIENTES

Capítulo 6: **Todos somos uno**

"Lo que haya sido importante, permanecerá; lo inútil, desaparecerá. El guerrero, sin embargo, no está encargado de juzgar los sueños del prójimo, y no pierde tiempo criticando las decisiones ajenas. Para tener fe en su propio camino, no necesita probar que el camino del otro está equivocado."

Paulo Coello

Las relaciones y la aceptación

Todo el talento que tienes guardado tiene un potencial a alcanzar, pero para ello se te pide desarrollarlo. Que sanes y crezcas para emplearlo y brilles. A partir de tu autoindagación podrás acortar la brecha de tu actual yo y tu potencial.

Necesitas conocer lo oculto de ti que no te permite avanzar. Y los vínculos son fundamentales para vernos a nosotros mismos. Cada Ser que está en tu vida te ayuda a conocerte. Cada Ser es un maestro que complementa y empodera tu aprendizaje. Aprende a ser un discípulo a partir de las relaciones ¿Todas las relaciones son maestros? TODAS. Tanto las que nos enseñan desde el amor como aquellas que nos enseñan desde una situación dificultosa.

Es como estar en un baile de máscaras y a partir de nuestro autoconocimiento empezamos a mirarnos detrás de la máscara, hasta que, gradualmente, desaparece. Recobrar la autenticidad, denigrada por los sistemas educativos tradicionales, nos permitirá ser quien realmente somos, sin máscaras, y asumir con total convicción todas las consecuencias de nuestro accionar.

Cuando tenemos una relación autentica con nosotros mismos no nos creemos los falsos personajes o roles. Sabemos perfectamente como administrarlos para el cumplimiento del propósito de vida. El gran logro de estos tiempos es disfrutar del ser tú mismo —ser auténtico— en armonía y equilibrio con todo tu entorno.

¿Qué significa estar en armonía y equilibrio? Significa aceptar lo que puedes y lo que no puedes. Así eliminas auto presiones sabiendo que todo llegará a su debido tiempo. También significa aceptar esa parte humana que nos condiciona en el actual estado conciencial y merece ser sanado para seguir creciendo, evolucionando. Sin prisa, pero sin pausa, todo lo que anhelamos llegará.

Otro beneficio que nos regala la autenticidad es: gran ahorro de energía y vitalidad. Solemos desperdiciar nuestra salud manteniendo falsos personajes y roles desde el miedo a pertenecer, a sobrevivir, a ser aceptados, a no ser rechazados, a caer bien, a gustar, entre tantos otros. El saber administrar nuestra energía y vibración transformando los falsos personajes hacia la autenticidad de nuestro Ser es una de las claves de esta era. Sobre este tema podrás encontrar más información en el libro *"Tus Horas Milagrosas"*.

Todas las relaciones son una gran oportunidad para mejorar y crecer. No es otro el motivo por el cual nos relacionamos —aunque algunas relaciones parezcan perjudiciales—. Cuando te enfocas en dar, solo se reflejarán cosas buenas en ese espejo que es tu prójimo. Si no lo es, también reflejará eso que diste en algún momento de esta u otra vida, porque no se puede escapar de la justa y exacta Ley Universal de Causa y Efecto —y la Ley del Karma—.

En cualquier caso, siempre eres tú relacionándote contigo mismo a través de los demás y en tus múltiples roles: laboral, familiar, pareja, ciudadano, entre tantos otros. Tienes que ver al otro como un alma en constante aprendizaje, igual que tú. Un alma que, ha venido a este plano físico, para conocer a su verdadero Yo.

Relacionarnos desde ese nivel nos permite enfocarnos únicamente en lo que podemos dar, sin esperar algo a cambio. Si das algo bueno y que sirva a los demás —expresando tus dones y talentos— disfrutarás de tu acción desinteresada y, entonces, recibirás eso y mucho más. Quizá no sea de modo inmediato, y hasta, en algunos casos, sientas que llega lo contrario y que la otra persona no logra comprender todo lo que has dado. Pero el tiempo pone todo en su lugar, y, aunque sea en el largo plazo, siempre prevalece y recibes aquello que diste; porque quien, verdaderamente, observa tu accionar no se encuentra en este plano.

Según la Ley Universal de Causa y Efecto, hay una correlación entre el tiempo y la conciencia. Muchas veces creemos que, al hacer un buen acto, recibiremos inmediatamente lo mismo; pero eso, a veces, no sucede y genera frustración. A medida que nuestra conciencia crece y se expande, podemos notar cómo el tiempo entre causa y efecto se acorta. A mayor conciencia, se obtienen resultados inmediatos. A menor conciencia, resultados tardíos.

No comprender esta correlación hace que determinados hechos nos generen confusión y sufrimiento. Por ejemplo, cuando, en momentos inesperados, llega una mala noticia de alguien con quien hace mucho tiempo que no nos vinculamos, pero, en alguna ocasión, le provocamos dolor o no actuamos bien. Del mismo modo, cuando recibimos una ayuda desinteresada de un Ser al que hemos ayudado tiempo atrás y lo habíamos olvidado.

¿Cómo se hace para no esperar nada de los demás? Primero: responsabilizándote únicamente por lo que puedes dar —es lo único por lo que tienes control—. Segundo: liberando a las personas del compromiso de devolver algo a cambio de lo que das —pertenece a lo que está fuera de tu ámbito de responsabilidad—. Cada uno con sus tiempos, quizá, al final de esta vida o en otra, entenderá lo que alguien ha hecho por él alguna vez. Cualquiera sea el caso, todo lo que haces es por ti e impacta en todos. Al reconocer tu esencia espiritual, y vivir desde la conciencia, ves a los otros seres como una parte de ti. Los conflictos desaparecen y, emergen cualidades divinas del Ser: la compasión y la bondad.

Cuando aparece una relación que no es buena, no debemos eludirla. Si creemos que el problema es del otro, es el ego el que habla y decide. Nada sucede por casualidad. Por eso, no eludas las malas relaciones sin antes abordar el aprendizaje que dicha relación conlleva. De lo contrario, volverá a suceder con la misma persona o con otra —también en otro lugar o momento—. El problema se repetirá porque forma parte de una creencia errada en tu inconsciente; y hasta que no trabajes la parte de tu Ser que atrae ese tipo de relaciones, no sanarás tus *"malas relaciones"*.

Entonces, ¿Cuál es la clave? Saber discernir el aprendizaje que implica toda relación. Entender que cada persona que llega a tu vida es sagrada y que esa relación es una bendición que te permitirá crecer —siempre estableciendo limites ante determinado nivel de conflictividad, en caso de ser necesario—.

Hay seres que asumen un papel nocivo y está bien aceptarlo. Sea quien sea. Tienen la intención inconsciente de desgastarte e involucrarte en sus intenciones nocivas. Ten en cuenta que en este accionar pueden influir: karmas de vidas pasadas, acuerdos de planes prenatales, embrollos sistémicos del transgeneracional, entre otros. Si bien puede ser doloroso, hacen lo mejor que pueden. Cualquiera sea el caso, tienes que poner un límite con amor y firmeza. Amor hacia ti y hacia el otro también. Firmeza para no dudar en los momentos que todo se torna confuso y hay que tomar decisiones trascendentales.

Decir que te alejas por amor es un acto de grandeza espiritual. Si no te entienden no es tu problema, forma parte del aprendizaje que le corresponde asumir al otro Ser. Luego, simplemente, ocúpate de sanar lo que has atraído y que se ha reflejado en los otros —es lo único que está dentro de tu ámbito de responsabilidad—.

En el libro *"Manual del guerrero de la luz"*, Paulo Coelho lo expresa de una forma magistral: *"El guerrero de la luz sabe de lo que es capaz; no necesita andar por el mundo contando sus cualidades y virtudes. Sin embargo, a cada momento aparece alguien queriendo probar que es mejor que él. Para el guerrero, no existe «mejor» o «peor»; cada uno tiene los dones necesarios para su camino individual. Pero ciertas personas insisten. Provocan, ofenden, hacen todo lo posible para irritarlo. En este momento, su corazón dice: «No aceptes las ofensas, ellas no aumentarán tu habilidad. Te cansarás inútilmente.» Un guerrero de la luz no pierde su tiempo escuchando provocaciones; él tiene un destino que debe ser cumplido"*[17].

Habitamos un mundo donde conviven seres con distintos estados de conciencia, distintos despertares de esa realidad que, en verdad, somos.

---

[17] Libro "Manual del guerrero de la luz", Autor Paulo Coelho, Editorial Planeta, Año 2009, Versión digital de Amazon Kindle, Posición 196.

Conviven distintas lecciones y aprendizajes, y, a su vez, todos conectados y entrelazados, superando lecciones colectivas de un grupo familiar, de una ciudad, de un país, de la humanidad.

Cuando sanamos y crecemos, dejamos de pensar solo en el *"yo"* para pensar en el *"nosotros"*. Esto se aplica a la vida cotidiana, los proyectos laborales, las relaciones, a todo. Más allá de que convivimos seres con distintos estados de conciencia, todos, antes o después, llegaremos al mismo estado final. Por lo tanto, no existen las diferencias. Cada Ser, con sus tiempos y sus instrumentos, llegará al mismo lugar. El maestro Wayne Dyer, psicólogo y gran escritor de libros de autoayuda y espiritualidad, menciona en sus conferencias: *"Los nativos americanos consideran que no existe un árbol cuyas ramas sean tan insensatas como para luchar entre ellas. Todos somos ramas de un árbol llamado humanidad*[18]*"*. Todos somos uno.

Si no te aceptas, no aceptas al otro. La aceptación tiene que ver con quererte y aceptarte cómo eres. En la medida en que no te aceptas, no sabrás quién eres. Si no sabes quién eres, no podrás avanzar hacia tu propósito. Asimismo, en la medida en que te aceptas, y desarrollas tu potencial, otros también empezarán a aceptarte. Ahora, no lo haces por ellos, lo haces por ti y por el propósito de vida que has venido a cumplir.

No existen relaciones tóxicas que te detengan hacia tu propósito. Tu falta de propósito de vida, o la falta de convicción, y creencia, para llevarlo a cabo es lo que te detiene. Las relaciones solo muestran que hay algo en ti que debes mejorar. Las relaciones son un reflejo de ti —las proyecciones en el espejo—.

El enojo siempre es con uno mismo. No te enojas con otros, aunque así lo parezca. Detrás del enojo hay victimización y/o expectativas no satisfechas. Ahora, si me das un regalo —disfrazado de enojo—, y no lo acepto ¿A quién le pertenece el regalo? Disponemos de libre albedrío para decidir de quienes aceptamos los regalos y nuestro nivel de autoestima lo determina.

La realidad cambia cuando uno mismo cambia la actitud y la visión. A veces, estamos muy cerrados viendo las cosas desde un ángulo y debemos adoptar otro punto de vista. Eso nos lleva a aceptar todo lo que nos sucede porque en el Universo hay orden, y lo que sucede está bien, es lo que debe suceder.

Nuestra visión de la realidad es muy acotada. Nuestro ego es el que hace todo complejo, no acepta lo simple y quiere todo ya. Es un trabajo de aceptación comprender que somos instrumentos de Dios y que debemos dejarnos guiar por él. Cuanto mayor es la entrega y el amor a ese poder divino, más fácil se nos hace la vida.

---

[18] Conferencia "El poder de la intención", en el Cutler Majestic Theatre de Boston, EE. UU., el 12 de septiembre de 2005. Disponible en YouTube.

Debemos dejar de lado deseos y caprichos egoicos. Entender que hay un plan divino para todo y que estamos dentro de ese plan, aunque a veces no lo veamos. Comprender que entregarse a Dios significa poner todo el esfuerzo y la perseverancia en ser feliz, y en lograr nuestro propósito de vida. Expresar los dones y talentos, sin olvidar que estos deben armonizar con la abundancia del Universo. Y, así, mantener una vida equilibrada en cada uno de sus aspectos y roles.

En algunos casos, ponemos todo de nosotros para que algo se materialice y, quizá, no sea el momento —la voluntad de Dios es una y nuestro plan es otro—. En esos casos, el aprendizaje pasa por otro lado, aunque, no lo entendemos todavía. No debemos frustrarnos porque hay una voluntad superior, que sabe qué es lo mejor para nosotros. En estos casos, una actitud de gratitud hacia todo lo que nos sucede es muy importante para liberar las malas emociones, y volver a nuestro centro.

Continuando con el tema principal de este capítulo, las relaciones son dinámicas, como la vida misma. Todo el tiempo, llegan nuevos seres y otros se van. A medida que avances en el camino de la conciencia, la energía y la vibración mejoran. Entonces, puedes notar que algunos seres que estuvieron a tu lado tiempo atrás ya no lo están con la misma frecuencia. No hay nada de malo en ello —forma parte del camino que cada uno ha decidido emprender—. Tal vez, eso era lo que tenían que vivir y aprender; quizá han saldado alguna cuenta kármica de otra vida. ¿Quién sabe?

Me gusta ir al cine y en algunas ocasiones la película es buena pero su final resultó todo lo contrario. Sería realmente injusto si valoro dicha película únicamente por su final. Ahora, ¿Cuántas veces actuamos así con las relaciones personales que terminan?

Es importante entender que toda relación es buena en el momento en que se da, y no deja de serlo cuando avanzas hacia tu propósito y aparecen otras personas. Sin esa relación, no hubieses llegado a ser quién eres hoy; por lo cual, debes estar agradecido por haber vivido tal experiencia.

Quizás la relación no se termine definitivamente y, en un futuro, vuelvan a cruzar vivencias. Pero, como no puedes predecir el futuro, es importante que te liberes de esa relación de la mejor manera. Deseándole que encuentre felicidad, paz y abundancia plena. Porque, en definitiva, es un alma que, como tú, ha venido a vivir experiencias y aprender de ellas.

Frases como *"La calidad de tu vida depende de la calidad de tus relaciones"* o *"No te juntes con las personas negativas o con gente tóxica"* me han llevado a reflexionar y a entender que, si todo es perfecto, no existen tales afirmaciones.

Hay que ser muy cuidadosos con las frases que aceptamos. Algunas son frases que no suman, sino que parten del ego y dividen a las personas.

A lo largo de la vida, debes aprender a convivir con personas que parecen negativas —al menos, hasta que el mundo no alcance cierto estado de conciencia basado en el amor— pues, es imposible que tu entorno sea positivo cien por cien. Todos los maestros espirituales, durante su vida física en nuestro planeta, han tenido oposición de otras personas, entonces, ¿Qué te hace pensar que tú no lo tendrás?

Entonces, parte del aprendizaje es saber interpretar y desechar estos pseudo mensajes tan de moda y muy nocivos, porque, en lugar de unir y avanzar, tienden a separar. El fin de la conciencia espiritual nunca es separar, es integrar.

Es verdad que personas con muy baja vibración puedan ser difíciles de tratar a diario. Ahora bien, es inevitable toparte con algunos en tu familia, durante la jornada laboral o en la calle, por citar algunos casos. Lo que sí está en tu ámbito de responsabilidad es cómo respondes ante estas personas y la forma en que estableces tus limites ante acciones invasivas y nocivas que estos tengan hacia ti. Para ello, puedes aplicar el factor conciencia en cada respuesta, entendiendo que, del otro lado, hay un Ser que está en su camino de aprendizaje y hace lo mejor que puede. Los maestros espirituales de la India expresan: *"Una opinión debe ser dicha solo cuando haya perdido la capacidad de herir"*.

Veamos algunos ejemplos. Ante una mala actitud de otra persona, en lugar de sentenciar diciendo *"Eres egoísta"*, puedes decirle *"Te estas comportando como una persona egoísta"*. El significado y la llegada a la otra persona es totalmente distinta. En el primer caso se generó una barrera donde la conversación y el aprendizaje están prácticamente anulados. En el segundo, se invita a la reflexión. Esta forma da buen resultado, especialmente, en los niños.

Otro ejemplo, ante una opinión contraria de una persona sobre algo que hayas dicho o realizado puedes responder *"Muchas gracias por tu opinión. No lo había considerado desde ese punto de vista"* o *"Respeto y valoro tu opinión. En mi caso personal creo que ... [fundamentas tu opinión]"* o *"Todavía no logro comprender tu punto de vista, ¿En qué te fundamentas para dar tal opinión?"*, entre otras.

Ten en cuenta que puedes aceptar y convivir tranquilamente con cierto margen para relaciones que no serán totalmente positivas. Para ello, puede ser necesario que establezcas ciertas reglas de convivencia. Una buena medida podría ser que entre un 70% y un 80% de tus relaciones sociales sean sanas, positivas y conscientes —sería uno de tus activos más preciados—. Y que aceptes la idea que el restante 30% o 20%, quizás, jamás lo serán porque, simplemente, no hay afinidad —probablemente solo tengas que compartir momentos breves en una fiesta familiar o alguna tarea laboral diaria—. No olvides que aquí lo importante es cómo respondes ante estas personas y circunstancias, y que proyectas de ti en ellos. Tu ámbito de responsabilidad.

Entiende que nadie puede hacerte infeliz sin tu consentimiento. Siempre la responsabilidad, de lo que permites que ingrese a tu vida, es tuya. Ten en cuenta que muchas de las personas a las que llamas negativas se te acercan por algo. Les sirves porque necesitan mejorar su vida y ven eso en ti. Pero también te sirven porque puedes aprender algo de ellas o, en todo caso, ayudarlas a ver otra realidad.

Es importante comprender que aquel que haya iniciado un camino hacia la conciencia debe integrar; nunca separar. También saber distinguir entre el Ser y el rol —padre, hijo, esposa, amigo, etc. —. Solo potenciar el Ser del otro, no potenciar el rol. Es decir, no puedes sufrir por lo que le sucede al otro en su proceso conciencial y evolutivo. Puedes acompañar y ofrecer ayuda al Ser, pero no puedes sufrir e intervenir a través del rol —porque es ilusorio—.

Hay que trascender los roles. No puedes responsabilizarte del aprendizaje del otro. Solo puedes potenciar su Ser, sin apegos, sin rol, sin esperar nada a cambio; y hacerlo desde la gratitud y el amor. El verdadero amor se involucra con el Ser y no sabe que es el rol.

En una relación consciente, no hay rol ni ego, ni siquiera cuando una de las partes atraviesa un momento de sufrimiento. Sería como decir: *"No esperes que comprenda y me sume a tu sufrimiento, solo el ego entiende de sufrimientos. Estaré allí, a tu lado, para acompañarte con mi abrazo y un silencio que te brinde, simplemente, paz"*. Cuando tienes plenitud interna, no buscas relaciones que te hagan feliz, sino las que puedas compartir la felicidad que ya tienes. El trabajo siempre es interior y se refleja en el exterior.

Hay relaciones que siempre hablan de las mismas situaciones negativas y/o conflictivas. No se incomodan hablando de temas nuevos y/o más elevados. Desde el punto de vista del ego es lógico. No es una opción porque atentaría contra el ámbito de confort que al ego le encanta mantener. Por esta razón, es muy bueno ir a lugares nuevos —cursos, seminarios o talleres— para conocer a otras personas. Ver otros puntos de vistas sobre el mismo tema. Exigirle a ese tema para que nos brinde otras opciones, hasta ahora desconocidas. Porque si solo vas a lugares donde confirman lo que ya sabes, entonces pierdes la capacidad de sorprenderte con nuevas experiencias y conocimientos.

También, es muy importante desarrollar la capacidad de escuchar, si queremos realizar un trabajo completo en el Ser. La parte más importante de cualquier conversación es la escucha, sin escucha no es posible continuar. Una escucha consciente se realiza con el Ser, de alma a alma, sin ego y lejos de todo prejuicio —estar realmente presentes con todos los sentidos y la mente en la conversación—. De alguna manera se trata de entender al otro, y recién ahí liberar una respuesta consciente y que no dañe al otro Ser —ya sea en forma de gesto, mirada, palabra, o acto—.

En múltiples sesiones como terapeuta, al consultar respecto al manejo de las relaciones sociales, me han respondido frases como: *"Para mí la confianza en el otro lo es todo"* o *"Si alguien me traiciona, a esa persona la elimino de mi vida"*. Este tipo de enfoque, en el que se deposita la confianza en el otro de una forma condicional, está basado en el miedo. Y siempre que nos basamos en el miedo, nada termina bien.

Cuando la confianza parte del Ser interior y se traslada hacia fuera, no hay condiciones. Todos somos generadores de confianza a partir del hacer, de la forma en que nos manejamos en la vida en función de valores, principios, ética y conciencia que aplicamos. Esto es lo único que debemos considerar al crear afinidad con otra persona. También entender que esa persona puede equivocarse, y que eso forma parte de cualquier relación.

En esos casos, lo único que debemos evaluar es la intención. Si el nivel vibracional de la intención fue bajo, entonces, debemos alejarnos, deseándole lo mejor —y actuar en forma legal en caso de que la situación lo amerite—. También comprender que parte de mi atrae tales experiencias para sanarlo.

Si la intención fue buena, pero el resultado no, debemos comprender y mantener la relación porque esa experiencia, seguramente, la fortalecerá.

Un Ser que aplica el factor conciencia diría: *"Siempre agradeceré y les brindaré amor a todos aquellos seres que, con sus actitudes o pensamientos negativos, me impulsaron a entender que podía hacerlo por mis propios medios y a descubrir nuevas capacidades en mí —o que podía hacerlo de una manera diferente—. De otro modo, no hubiese aprendido la lección"*.

Veamos ahora algunas características importantes que aplica un Ser consciente en sus relaciones sociales:

- Lo primero que hace es: reconocer, valorar y honrar al Ser que reside en el otro —Namasté—.
- Busca la simplicidad en las relaciones. Si una relación es conflictiva o compleja, la abandona sin rencores, deseándole lo mejor al otro para su evolución y crecimiento. El paso siguiente es analizar y estudiar el aprendizaje que esa relación le ofreció. También comprender que parte de sí mismo atrae tales experiencias para sanarlo.

- Privilegia la calidad en lugar de la cantidad. Prefiere pocas relaciones sanas antes que muchas relaciones complejas.

- Elimina los viejos paradigmas de competencia y jerarquías que se utilizan habitualmente en la sociedad. Los reemplaza por la colaboración y el cooperativismo —como dijo la Santa Madre Teresa de Calcula: *"Yo hago lo que usted no puede, y usted hace lo que yo no puedo. Juntos podemos hacer grandes cosas"* —.

- Se enfoca en dar sin esperar nada a cambio.

- Ofrece ayuda y consejos para el Ser, sin apegos al rol. Un Ser consciente no se apega al rol, lo trasciende. Y lo hace con amor en una entrega total. Sabe que todo lo bueno que hace por el otro lo hace para sí mismo. Todos somos uno.

- Tiene humildad y sabe que su esencia no cambia más allá de lo que suceda en su entorno. No olvida a las personas que lo han ayudado.

- Sabe cuándo poner un límite a las relaciones invasivas de las personas a las que quiere —así también, a las personas que, con sus actos buscan perjudicarlo—. Esto no significa terminar la relación, sino decirle al otro: *"Así no podemos seguir. Te propongo reinventar nuestra relación"* —si es que merece continuar—. Para ello, analiza la intención de la persona. Si fue buena, comprende que el resultado no lo fue, y se preocupa en mantener la relación ajustando lo necesario. Si la intención no fue buena, abandona la relación sin pleitos y deseándole siempre lo mejor. La vida continua con aprendizaje para que no se vuelva a repetir. Como diría Mahatma Gandhi, *"Un NO pronunciado desde la más profunda convicción, es mejor que un SI pronunciado solo por complacer o por evitar un conflicto".*

- Es largoplacista. Sabe que las relaciones se construyen con el tiempo y, sobre todo, respeta los tiempos del otro. (*)

- No es dependiente de las personas. Sabe cuándo una relación se termina.

- No se ofende. No se toma lo que le dicen como algo personal. Sabe que todo agravio es un regalo que no le pertenece, salvo que lo acepte —si me insultas y no respondo a tu insulto ¿A quién le pertenece? —.

- No se queja. Plantea un punto de vista diferente. Se pregunta: *"¿Para qué me sucede esto? ¿Por qué atraigo esto?"*. Sabe que es el único responsable de todo lo que le sucede. Si algo no le gusta, lo mejora —o, simplemente, lo acepta e intenta aprender la lección—.

- No critica. Acepta otras realidades y no mal gasta su tiempo hablando de otros. Solo ve las virtudes en el otro. Eso le alcanza para sostener algunas relaciones complejas. Como decía el gran maestro hindú Swami

Sivananda: *"Nunca mires los defectos de otros. Aprecia siempre las buenas cualidades de todos."*[19].

- No supone, pregunta. Sabe que las suposiciones distorsionan la realidad y generan conflictos.

- No juzga. Sabe que la visión de cada persona incluye —en su interior— paradigmas, vivencias, emociones heredadas, y karmas. Podrá estar en desacuerdo con las ideas y acciones particulares tomadas por una persona durante su vida, pero nunca la juzgará porque sabe que cada uno hace lo mejor que puede. Antes de emitir un juicio entiende que desde su estado de conciencia es lo que les toca vivir, aprender y vivenciar.

- No se victimiza. En los conflictos de relaciones, de cualquier tipo, no culpa a otros por sus propios desacierto, miedos e inseguridades. Asume su propia responsabilidad y trabaja en sí mismo para sanar y crecer.

- No discrimina. Asume su divinidad y la del resto de los seres vivos. Sabe que todos somos uno y la base de toda relación es el amor. Así lo expresó Nelson Mandela: *"He dado una larga caminata hacia la libertad; el camino ha sido solitario y aún no termina. Yo sé que mi país no fue hecho para ser una tierra de odio. Nadie nace odiando a otra persona por el color de su piel. La gente aprende a odiar; pero se le puede enseñar a amar, pues el amor llega más naturalmente al corazón humano"*[20].

(*) Aclaración importante para no mal interpretar este concepto: Solo se respetan los tiempos del otro cuando se trata de un tema particular de ese Ser, es decir, su acción no afecta la vida de otros. En caso contrario, cuando las decisiones y acciones te afectan a ti u a otros, entonces hay que intervenir —buscar consenso y acordar algo conveniente para todas las partes—. Pensar en relaciones ganar/ganar. Si la otra parte solo busca perjudicarte, debes involucrarte y recurrir a los medios necesarios —incluidos los del Poder Judicial— para interceder y defender tus derechos.

No devolverás una respuesta del mismo estilo, porque, para tu conciencia, no es una opción hacer mal a alguien. Siempre darás algo mejor, aunque, del otro lado, no lo entiendan y se manejen con rencor y resentimiento. Simplemente, son distintos estados conciénciales y la respuesta tendrá que ver con el estado conciencial de cada uno. Este podría ser el lema de un Ser que aplica el factor conciencia ante un conflicto: *"Solo sé que siempre daré lo mejor para que nadie sea perjudicado por mis actos, pero también sabré defenderme de*

[19] "Canto de las 18 virtudes" por Swami Sivananda. Apartado 14 (Nobleza). Centro de Yoga Sivananda Vedanta (Madrid). www.sivananda.es/pdf/Canto_de_las_18_virtudes.pdf

[20] Tomado de su autobiografía *"El largo camino hacia la libertad"*, Buenos Aires, Aguilar, 2013.

aquel que, movido por odios y rencores, busque perjudicarme. Defenderme no es dañar al otro; es poner la barrera bien alta para que no se transgredan límites que no he permitido porque, de ahí en más, empieza mi respeto y autoestima. Simplemente es una cuestión de amor propio y, tambien, de amor hacia aquellos que, en su estado conciencial regido por el conflicto, buscan aprender a partir de un acto de bondad que frene su accionar para no acumular más karma negativo en sus vidas. Y para ello se valen de un Ser consciente que podrá tomar decisiones con una mirada elevada, desde el amor".

Esto me recuerda que en muchos casos se nos presentan situaciones donde es de vital importancia actuar en consonancia con un principio superior que nos trasciende. Por más que el acto parezca doloroso —desde la visión del ser humano condicionado—, su Ser interior reclama recibir tal lección para su propia evolución. El Ser reconoce el acto de bondad, aunque su parte humana regida por el ego no lo asimile, inicialmente. En ciertas ocasiones, solo corresponde actuar. Forma parte de la misión de vida. Algo similar con el dilema de Arjuna en el campo de batalla. Así lo expresa metafóricamente el Bhagavad Guita: *"Arjuna, el más diestro de los hijos de Pandu, siente flaquear su ánimo cuando ve a la mayoría de sus familiares y amigos entre las filas enemigas. Arjuna lloró, no por miedo, sino por compasión, por pena, por lo mucho que le importaban. Su respuesta fue la de un Ser consciente de su esencia espiritual. Empezaba a pensar que la guerra no era la respuesta al problema. Krishna, ante el desaliento del valiente Arjuna que se niega a luchar a muerte contra sus seres queridos, le habla acerca del Universo, de quién es él y su condición en medio del Cosmos, además de la Misión que debe desarrollar el hombre en la tierra y de cómo han de comprenderse los misterios de la vida y de la muerte. Krishna lo convenció de que debía luchar. ¿Por qué? Porque debía cumplir su vocación, su Svadharma, su propia misión en la vida. Arjuna había nacido dentro de la clase de los guerreros y su destino era rectificar una injusticia. Todo Svadharma confluye con el gran Dharma universal. Debía entregarse a una voluntad superior".*

Al menos, en este plano físico, donde conviven muchos estados de conciencia, existe la conflictividad. Entonces, debes considerarlo y por ese motivo no dejar de actuar desde el amor. También desde el amor se pueden poner límites y, en determinados casos, corresponde hacerlo. Nadie tiene derecho a invadir tu ámbito intimo personal.

Los grandes maestros espirituales nos han enseñado que el primero en ser beneficiado por el perdón es aquel que perdona, no el perdonado. Nadie puede avanzar en su camino de evolución conciencial sin aplicar un perdón activo. Así nos lo demostró Nelson Mandela cuando asumió como presidente de Sudáfrica.

Eliminó todo resentimiento, ira y odio hacia quienes lo encarcelaron por 27 años. A estas personas les respondió con amor. Les respondió con un sentimiento más elevado del que ellos pudieron ofrecer. Nunca con un sentimiento igual o por debajo. Es la única manera que se podrá cerrar el ciclo y continuar hacia un propósito colectivo más elevado. Así lo expresó Nelson Mandela: *"Los valientes que deseen lograr la paz, no temerán perdonar. [...] El perdón libera el alma y elimina el miedo. Por eso es una herramienta tan poderosa".*

A continuación, te detallo algunas consultas que me realizan durante las sesiones como terapeuta, o en los seminarios:

¿Cómo manejo la aceptación? Aceptar no es convivir con alguien con quien no tienes, o has perdido, afinidad. Por ejemplo, uno puede aceptar al otro como un Ser que experimenta su propio proceso evolutivo, pero puede dejar de aceptarlo como pareja, o como un familiar cercano, o como un amigo, porque ha descubierto que los valores, los principios, o la misión de vida, son distintos.

Esto tiene que ver con que las relaciones son dinámicas y no siempre perduran en el tiempo. No hay nada malo en ello. De alguna manera, la relación ha cumplido su ciclo o aprendizaje. Tienen que dar vuelta a la página y seguir sus caminos separados, desearse lo mejor, pensar en su propio bienestar.

¿Cómo practicar el desapego hacia un ser querido? Principalmente, entendiendo que no poseemos nada. Solo somos administradores de relaciones. No somos estos cuerpos, sino almas compartiendo este momento; y que es muy probable que hayamos compartido más vidas juntos.

Un ejercicio de mucha ayuda es: realizar un trabajo de introspección para valorar todas las bondades de tus seres queridos —experimentando esas sensaciones—. Más precisamente, visualiza a tu ser querido haciendo lo que le gusta. Por ejemplo, en este momento en que escribo, visualizo a mi hijo Martiniano en el colegio, conversando y riendo —con su típica sonrisa— junto a sus amigos, mientras hace la tarea e intercambia útiles con sus compañeros de banco. Llega el recreo y sale corriendo al patio para jugar con sus amigos. Lo veo feliz, riendo y disfrutando. Veo su Ser expresándose en ese aquí y ahora.

La sensación que experimentas al visualizar a un ser querido te dará paz y armonía. Sabes que todo estará bien y que no pasará nada que no tenga que pasar. Delegas lo que está fuera de tu control a la divinidad, que se encargará de todo.

Entonces, la relación mejora porque tienes una visión renovada de ese Ser. Has visto su alma y la relación que ambos tienen. Te enfocas en dar. Eso es lo único que debe ser una relación. Simplemente dar.

"Mis familiares cercanos no entienden que me siento bien y se asustan cuando les hablo sobre espiritualidad ¿Qué hago?" No pretendas que entiendan el camino que has empezado a transitar en la conciencia. Si bien todo lo que te ocurre es bueno, el ego es quién quiere demostrarlo. No des tantas explicaciones. En determinados temas practica el silencio. Solo habla de ello cuando algún ser querido se encuentre interesado y te consulte —ha llegado su momento de despertar—. Sino habla de otros temas que les interese a ambos.

La conciencia está en ti, dentro tuyo. Eso es lo único que debe importarte. Siente, vive y ama a Dios con total devoción. Con él puedes hablar todo lo que quieras. Y en aquellas situaciones exigentes en las que seres queridos ponen a prueba tus valores y principios, es necesario que tomes decisiones trascendentales. En esos casos, aplica el factor conciencia estableciendo límites desde el amor para proteger tu bienestar y no respondas agravios. Como decía Gurudev Paramahamsa Hariharananda: *"Cada palabra es un mantra. Debe usarse correctamente, con el máximo cuidado y amor"*.

Lograr relaciones armónicas, ordenadas y eficaces en el gran desafío que tenemos. Reemplazar la competencia por la integración de las potencialidades, aunque en la conjugación de la tarea los involucrados lideren desde espacios totalmente diferentes.

Puede existir un orden divino que permita a algunos aportar la energía de la intuición, lo simbólico, lo místico y la sabiduría, mientras que otros aporten un orden a nivel de lo material, el valor de lo concreto y la acción. Plano sutil y material son uno.

Tambien existen relaciones que se rigen por el final de un recorrido personal de ambos. Es como el remanso de la confiabilidad, uno cree en el otro después de cada uno terminar un ciclo personal.

Existen relaciones que parecen una danza de energía que fluye sincronizadamente como un orden que se da sin esfuerzos. Como si cada uno supiera, sin hablar demasiado, lo que cada uno tiene que hacer. Se complementan en las tareas de la vida cotidiana o en cualquier proyecto juntos.

Cualquiera sea el caso, todos estamos en el mismo juego. Todos somos uno.

La relación de pareja (nuestro espejo más importante)

En el plano dual para conocernos necesitamos de los vínculos. No podemos crecer solos. Para lograr felicidad con plenitud es necesario lograr felicidad en nuestra parte social, vincular; porque todo lo que necesitas para sanar y crecer lo encontrarás en las proyecciones inconscientes de ti —tus sombras— en los demás.

Cuando te niegas a avanzar en tu vida, aparecen los espejos adecuados para que avances. Estos permitirán ver tus heridas y la pareja será el más notorio de ellos. ¿Quieres sanar y crecer? Observa a tu pareja. Todo aquello que te molesta es una herida a sanar. Todas tus heridas emocionales te separan de tu pareja, aunque sientas que la amas. Todas tus heridas emocionales te separan de la vida que anhelas.

Las sesiones como terapeuta me han enseñado la gran cantidad de amor que hay detrás de cada situación que vivimos —cuando lo hacemos con los ojos adecuados—. Muchas de esas situaciones no solemos reconocerlas porque el ego interfiere.

No reconocemos el amor que conlleva, por ejemplo, el almuerzo o la cena que nuestra pareja ha realizado. Inconscientemente la realizó con amor y esperando recibir un gesto de amor. Inconscientemente, quien recibió el alimento quería recibir amor de su pareja, pero no entendió que ese amor llego a través de un plato de comida. Es curioso ver como ambas personas intentan conseguir lo mismo, pero de diferente manera. Inconscientemente, ambos buscaban amor. Cada uno a su manera, pero el velo del ego no les permitió percibir como lo ofrecían o recibían respectivamente. El amor los une, pero el velo del ego los separa.

Detrás de cada situación que vivimos hay amor, solo hay que saber reconocerlo. En el caso de esta pareja, buscan sentir amor uno por otro, pero es interesante entender en que punto de la relación dejaron de sentirlo para actuar hoy de esta manera. Hay una creencia de que ese amor ya no existe en ellos, pero en cada acción tienen una acción positiva desde el amor.

La experiencia no es como parece sino como nos parece a nosotros mismos según nuestras creencias inconscientes, totalmente relacionadas a las heridas que arrastramos desde la infancia.

Cuando te relaciones desde el Ser aparecen cualidades divinas: compasión, reciprocidad, sensibilidad, conexión, unidad, integración, gratitud, amor almático. Todos tenemos la misma esencia divina, el Ser. Somos a imagen y semejanza de la fuente creadora. Entonces ¿Que nos diferencia? Las capas de miedos que rodean al Ser. Cada uno viene a sanar y crecer, a su manera y con sus tiempos. ¿Cuándo hay afinidad en una relación? Cuando los seres coinciden en algún determinado punto de su sanación o su crecimiento, y necesitan uno del otro. Casualidad divina.

La evolución de tu Ser estará dada con el grado de convicción en que vivas tus procesos de sanación y crecimiento. Tienes la capacidad de la autosanación y tu pareja será tu mejor aliado en ello.

Solo la experimentación es la que te permite avanzar en el camino. Toda acción que emprendas, por ley de causa y efecto, te brindará una devolución. Desde ese feedback vivencial podrás transformar las próximas acciones para seguir avanzando. Todos venimos a autorrealizarnos. Todos venimos a cumplir con un propósito de vida que nos trasciende, aunque no lo entendamos conscientemente.

Para los creyentes en vidas pasadas, es importante resaltar que la misión álmica requiere de una responsabilidad individual, pero atiende a una misión colectiva. Todas las almas vinculadas se necesitan unas a otras en distintos roles para resolver los conflictos emocionales no resueltos en vidas pasadas, además de ayudarse a avanzar en el proceso de sanación y crecimiento. Aquellas acciones que nuestra alma pudo, desde la ignorancia, haber perjudicado a otros, y en esta vida viene a remediar. Así lo han decidido experimentar el grupo de almas involucradas.

De igual modo, podemos venir a relacionarnos desde otro lugar cuando decidimos encarnar en un clan familiar con ciertos patrones o creencias que hemos decidido trascender. Cualquiera sea el caso, todas estas vivencias son perfectas tal cual suceden. Ahora, por libre albedrio, tienes la capacidad de comprender el aprendizaje para trascenderlo, o estas destinado a repetirlo hasta que se produzca la sanación y la toma de conciencia.

Todo lo que hagamos como merito individual tiene que verse reflejado en los vínculos, de lo contrario no alcanza el verdadero potencial. La misión colectiva hace que el aprendizaje sea bidireccional o multidireccional, según las personas involucradas. Todo funciona en múltiples sentidos porque todo está conectado, empezando por dos individuos y siguiendo por el impacto de estos en la humanidad. No hay un yo sin ti y no hay un tu sin mí.

La información adecuada le es debelada, en su debido momento, a quien es un buscador sincero en su búsqueda eterna. No podría estar más que agradecido a aquellas personas que sirvieron de puente para tal información, inclusive personas con las cuales hubo distanciamiento. Sin importar sus formas, sus enseñanzas y las experiencias vividas permitieron dar con la respuesta que estaba necesitando. En forma inconsciente, y por plan divino, tal información la atraía a mi vida y para ello fue necesaria la presencia de personas en distintos roles, aunque sea por corto tiempo en mi vida.

Estas personas no tenían por qué tener un nivel alto de conciencia, simplemente eran instrumentos para tal manifestación, y en muchos casos no sabían porque me mencionaban tal tema o me brindaban tal información, simplemente lo hacían porque su voz interior así se lo debelaba y conectaban conmigo. Las *"personas puente"* pueden pertenecer a cualquier estado conciencial y son una gran bendición en nuestras vidas.

Cuando, inconscientemente, nos sentimos inseguros o incompletos, es necesario aprender a través de experiencias de dolor. En esos casos la crítica y el juicio es lo que recibirás. Pero eso que recibes requirió de la labor de otros seres que reflejaron tus proyecciones. Más allá de que ellos también están realizando su aprendizaje, estas situaciones son atraídas por tu inconsciente y hablan de ti. De igual manera les sucede a ellos contigo. El aprendizaje es bidireccional.

Por ejemplo, si alguien te ha dicho que no puedes, o que no eres bueno o que no eres suficiente en algo, inconscientemente te dijo lo contrario, pero no lo estás viendo por tus propios medios, y buscas verlo, o despertarlo, de una forma que conecte con alguna herida inconsciente.

El despertar puede llegar a través de una experiencia de amor o de dolor, según tu estado conciencial, totalmente relacionado a tu inconsciente. Y ese despertar es un conjunto de muchos despertares que suceden simultáneamente en la vida mientras avanzas en tu proceso de sanación y crecimiento. Cada despertar debela una parte de ti que aún no reconoces y, muy probablemente, las buenas señales recibidas no han impactado en tu vida para que las reconozcas. Entonces se presenta a través de la otra polaridad.

Es así que cuando estamos destinados a despertar eso en nosotros no hay manera de evitarlo y se presentará por distintos canales de manifestación. A medida que sanamos y tomamos conciencia de que podemos despertar a través de experiencias bondadosas logramos transformar la forma en que sanamos y dejamos de hacerlo desde experiencias de dolor.

¿Qué hace que podamos detectar más rápidamente estas señales bondadosas de aprendizaje y despertar? El nivel de ego o estado de conciencia que predomina en cada uno de nosotros. Como vimos en los primeros capítulos, este estado forma parte de un rango frecuencial con puntos altos —bondades— y con puntos bajos —sombras—. Según nuestro estado vibracional, en determinados momentos, podemos atraer experiencias desde los puntos altos o desde los bajos.

El Ser nunca es alterado porque nuestra esencia observa mientras transcurren las experiencias de los distintos roles y personajes que interpreta el ego.

Las cualidades dormidas podrían ser despertadas por otros seres y de distintas maneras —todas ellas entre el amor y el dolor—, pero todas tienen una intención positiva detrás: que tú mismo reconozcas tus dones, virtudes y potencialidades. Todas necesarias para tu próxima etapa en la vida.

Todas son formas en que se expresa la divinidad en su juego. Habrá situaciones de la vida en que te pongan en una posición muy alta o en una muy baja —o en ambos extremos en un lapso corto de tiempo—. Pero ¿Qué sucedió? En realidad, no estabas ni tan arriba, ni tan abajo. Simplemente eras tú expandiendo tu Ser. Todo era información para el despertar interior. El elogio y la crítica son dos caras de una misma moneda: despertar y seguir avanzando en tu camino.

La etiqueta que te den forma parte del ámbito que está fuera de tu control y no debería interesarte —en caso contrario el ego es quien rige tu vida—. Así lo expresa el Bhagavad Gita[21]: *"Pelea por pelear, sin tomar en cuenta la felicidad ni la aflicción, la pérdida ni la ganancia, la victoria ni la derrota, y, por actuar así, nunca incurrirás en pecado"*.

Ante estas situaciones, tu principal desafío es interpretar el mensaje, aplicar la información recibida y mantener el equilibrio. No darle lugar al ego para que se enorgullezca cuando te ponen bien arriba, y tampoco que se enoje cuando sucede lo contrario. No eres ninguno de ambos extremos. Eres y debes ser equilibrio, expresado en humildad, amor y gratitud.

También ten en cuenta que la gran mayoría de ellas son relaciones de otras vidas y la experiencia en esta vida ayudó a saldar cuentas kármicas. La comprensión de esta perfección divina hace que todo rencor o resentimiento se disipe, se transforme en amor y en gratitud.

Algunas de estas relaciones pudieron ser reconectadas desde otro lugar, en el cual ambas partes nos pudiésemos empoderar. Con aquellas que estuvieron de acuerdo mantengo una próspera relación. Con el resto, preferí respetar sus procesos personales, agradecer lo vivido y desearles lo mejor para sus vidas cerrando ciclos desde el amor, mientras sigo mi camino.

El Ser consciente reconoce a esos seres que lo elevan con su presencia y sus enseñanzas. Una de las cosas más importantes de la vida es superarse, especialmente ante adversidades. Y el hacerlo con valores nobles y elevados, y en conjunto con otros seres, nos llena el corazón de satisfacción.

---

[21] Bhagavad Gita, Capítulo 2, verso 38.

El servicio, las buenas obras —Karma Yoga— requiere de dos elementos claves: acción que genere bienestar a otros seres y, alma y corazón posados en la divinidad. Un Ser consciente genera bienestar a sus semejantes y considera las formas —en esta era el *"cómo se hace"* importa—.

Como te mencioné en los primeros capítulos, el propósito de vida tiene como base la misión espiritual —todo lo referente a nuestro trabajo interior y de autoconocimiento, que es indelegable—. Desde allí se desprenden hacia el exterior dos aristas: la misión almática —relaciones— y la misión material —el ámbito profesional—. Ambos, a diferencia de la misión espiritual, requieren de otros seres con los cuales interactuar y vincularnos. Cuando en cualquiera de estas dos aristas creas relaciones es muy importante crecer juntos. En una verdadera relación consciente hay empoderamiento y crecimiento, juntos. Nace un dar sin condicionamientos.

Tu propósito de vida esconde detrás la gran misión del alma: alcanzar la libertad —la liberación de este plano—. No lograrás tal liberación si estas apegado a emociones de baja vibración que te atan al rol ilusorio. ¿Sientes que estas apegado emocionalmente al rol? o ¿Entiendes el juego ilusorio y estas compasivamente desapegado? En este último caso eres libre.

He leído, en innumerables ocasiones, de referentes del desarrollo personal y espiritual el fomentar reglas de éxito alineadas a conceptos como *"Aléjate de tales personas..."*, *"Prohíbete..."*, entre tantas otras frases carentes de contenido y que dividen cuando en esta nueva era se requiere integrar.

Empieza por saber quién eres —Autoconocimiento—, y que tienes que sanar para crecer sin querer controlar el contexto. El contexto cambiará solo cuando integres tu YO fragmentado y separado de tu esencia. Luego podrás hablar con quién sea sin alejarte y sin prohibiciones. Nada te afectará. El Ser Consciente integra, no separa. Jesús integraba, no separaba.

Si te molesta lo que ves afuera es porque estas mal adentro. La clave es detectar tus proyecciones inconscientes a través de los espejos del afuera. Luego sana todo lo que hayas observado y sientes que frena tu accionar. Céntrate con una mirada puesta en ti y lo de afuera mejorará por resonancia.

Un Ser consciente no depende de nada ni de nadie. Es un ser libre de apegos y de dependencias. Se enfoca en dar y en compartir amor. Para ello fue necesario sanar y cerrar ciclos desde el amor que permitan crecer, evolucionar con las relaciones.

¿Has encontrado una gran persona compañera/o de vida y no has cerrado bien los ciclos anteriores? ¿Qué crees que pasará? Habrá conflictos permanentes, cualquiera sea su nivel de complejidad. Estas poniendo todo en riesgo al no cerrar los ciclos. No lo dudes. Allí radica una de las claves principales para avanzar con los vínculos.

Comparto un poderoso decreto, que utilizamos en las sesiones de Decodificación Emocional® y BioNeuroCoaching®, para cortar los cordones sutiles que nos atan a antiguas relaciones:

Desde mi Amada y Divina Presencia:
Disuelvo cualquier conexión energética que aún me mantenga
enganchado/a con (nombre de la persona), quedando libre de su influencia y
liberando también a esa persona de mi influencia energética, para que solo
podamos mantener una comunicación pura desde el amor incondicional que
nos une a nivel álmico más allá del tiempo y de los roles que en esta vida
elegimos representar con la finalidad de experimentar.

Tener el *"corazón roto"* significa que intentaste algo importante. Ahora tienes información que merece ser observada para dar con la creencia inconsciente que existe detrás de la elección de pareja. Si todavía no diste con el aprendizaje entonces cuidado, estas destinado a repetir la experiencia y, seguramente, a un nivel más doloroso.

Brindarte con alma y corazón es primordial para avanzar en la vida y más aún intentar cosas importantes. No desanimes si un emprendimiento no funciono, no desanimes si una relación de pareja o de socios o de amistad no funciono. Si diste lo mejor entonces mantente tranquilo, y busca el aprendizaje para sanar y crecer. Permanece conectado con tu Ser, se tu primer emprendimiento, tu primer amor, tu primera pareja, tu primer socio, tu primer amigo, ... el resto llegará y lo disfrutarás mucho.

En las sesiones como terapeuta he analizado varios casos de parejas. Mi costumbre de ir a la raíz de los asuntos me llevó a considerar el motivo por el cual iniciaban la relación todas aquellas parejas que habían terminado, o estaban en conflicto. No me interesaba tanto saber por qué terminaban, sino por qué iniciaron la relación —en la Ley Universal de Causa y Efecto no interesa tanto el efecto resultado sino la causa que lo genera—. En virtud de ello, creía conveniente indagar el motivo de la elección inicial de la pareja. Remontarnos a ese momento, rearmar el contexto para encontrar la necesidad, el miedo o la carencia que cada uno —a través de su inconsciente— buscaba complementar. Creo que allí radica la verdadera riqueza del aprendizaje. Ello permitirá entender el motivo real que la originó, y su funcionamiento posterior condicionado a dicho motivo. Es lo único que permitirá la toma de conciencia para que no se vuelva repetir en una futura elección.

En mi caso personal me ha sido muy útil para entender mis relaciones de pareja, e ir a la raíz que le dio origen. Hacerme preguntas tales como: ¿Qué necesidad o carencia busqué completar con mi pareja? ¿Qué necesidad o carencia mi pareja buscó completar conmigo? Cuando la relación termina es fácil saber porque terminó. Pero ¿Entendimos porque comenzó? Creo que allí reside la raíz para entender toda relación que es concebida con los condicionamientos de nuestra mente inconsciente.

También ha llamado mi atención las personas que constantemente buscan estar en pareja. No pueden estar solas —no están bien consigo mismas, y eso les genera miedo—. Buscan completar con otros esa parte que no pueden, o no saben llenar, por sí solos. Allí nace una relación condicionada.

Uno de los errores más graves es empezar una nueva relación a poco tiempo de haber terminado otra —más aún si la relación se inició cuando estaban todavía en pareja y, más aún, si tienen hijos pequeños—. En su gran mayoría, estas relaciones no funcionan —al nivel de una pareja que considera el factor conciencia— porque no han asimilado el aprendizaje de su experiencia anterior. Detrás de toda experiencia de pareja tiene que haber un tiempo para el aprendizaje. Un tiempo disfrutando en soledad para reflexionar, comprender y transformar lo viejo en lo nuevo —y así no repetir—.

En las sesiones como terapeuta o seminarios me preguntan a menudo: ¿Debo tener una pareja para ser feliz? o ¿Debo tener un hijo para ser feliz? Mi respuesta es: *"Primero debes saber quién eres. También debes aprender a quererte. Sanar tus heridas inconscientes para ser tu mejor amigo. Si lo haces realmente bien, posiblemente aparezca la compañera de vida con quien puedas compartir tu felicidad. Ello sucederá cuando menos lo esperas y solo después de haber trabajo en ti, en soledad; porque cuando buscamos complementar desde la carencia y el hambre interior, cualquier pan duro viene bien".*

Y ¿Por qué es así? Porque si no eres feliz contigo mismo en soledad, no se abrirá lugar para lo nuevo. No aparecerá esa persona con quién puedas compartir tu vida. Paulo Coelho, gran novelista, dramaturgo y letrista brasileño mundialmente conocido, así define esta instancia tan importante que es la soledad:

"Sin la soledad, el Amor no permanecerá mucho tiempo a tu lado. Porque también el Amor necesita reposo, de modo que pueda viajar por los cielos y manifestarse de otras formas. Sin la soledad, ninguna planta o animal sobrevive; ninguna tierra es productiva por mucho tiempo; ningún niño puede aprender sobre la vida; ningún artista consigue crear; ningún trabajo puede crecer y transformarse.

La soledad no es la ausencia de Amor, sino su complemento. La soledad no es la ausencia de compañía, sino el momento en que nuestra alma tiene la libertad de conversar con nosotros, y ayudarnos a decidir sobre nuestra vida.

Por lo tanto, benditos sean aquellos que no temen a la soledad. Que no se asustan con la propia compañía, que no se desesperan buscando algo en qué ocuparse, divertirse o jugar. Porque quien nunca está solo ya no se conoce a sí mismo. Y quien no se conoce a sí mismo comienza a temerle al vacío. Pero el vacío no existe. Un mundo gigantesco, que espera ser descubierto, se oculta en nuestra alma. Está ahí su fuerza intacta, pero es tan nuevo y tan poderoso que tenemos miedo de aceptar su existencia. Porque el hecho de descubrir quiénes somos nos obliga a aceptar que podemos ir mucho más lejos de a lo que estamos acostumbrados. Y eso nos asusta"[22].

Tienes que aprender a disfrutar de tu soledad y dedicarte primero a tu sanación, porque es la etapa en la que crece tu conciencia y se expande. Al hacerlo, tu visión de la vida cambia y empiezan a llegar las personas que deseas.

El desánimo tiene por detrás el engaño provocado por la ilusión. Poner expectativas en lo ilusorio y perecedero suele ser doloroso. Cuando no tenemos autocontrol, entonces somos influenciados por todo lo que ocurre en el exterior. Los cambios ilusorios nacen en el exterior. Los cambios genuinos nacen en el interior y se reflejan en el exterior.

Para Kurt Lewin, el padre de la psicología social: *"Las situaciones sociales controlan significativamente el compartimiento individual, por ello el comportamiento humano siempre es la suma del individuo y su entorno social"*. Así sucede cuando no se sabe quién se es y nos vemos fuertemente influenciados por el afuera para pertenecer a la sociedad. Así como de niños buscamos pertenecer a la familia y asumimos compromisos y lealtades por mandato familiar, de igual manera sucede en las siguientes etapas de la vida para ser aceptados —preadolescencia con los primeros grupos de amigos, en la adolescencia con las parejas y los primeros trabajos, en la adultez con los trabajos y la sociedad—.

Desde pequeños perdemos autenticidad para conformar a otros y ser aceptados, de ahí en más estamos en una lucha constante con nosotros mismos para satisfacer nuestros anhelos guardados y que convivan con el mundo exterior —sin que se sepa mucho por el que dirán, otro de los miedos inconscientes—.

---

[22] Libro "El manuscrito encontrado en Accra", de Paulo Coelho, Editorial Grijalbo, año 2012.

Hay que amar y honrar a los padres, sin compromisos y sin lealtades que limiten tu potencial, tu autenticidad. De esta manera podrás amigarte con tu autenticidad dormida y así mejorar la forma de relacionarte. Transforma tu percepción de ti y cambiarás el mundo que se manifiesta alrededor de ti. Al revisar y cuestionar las ilusiones creadas, por nosotros mismos, inicia el cambio, inicia el despertar, y nos acercamos a la verdad.

Es necesario tomar decisiones, pero desde el sentir. Saber que una decisión sin sentimiento es vacía y no perdura en el tiempo. Maya Angelou quien fuera escritora, poeta, cantante y activista por los derechos civiles estadounidense dijo: *"He aprendido que las personas olvidarán lo que dijiste y lo que hiciste, pero jamás olvidarán cómo les hiciste sentir"*.

Detrás del sentimiento está el alma y el corazón —ambos conforman la voz interior, el alma en forma sutil, el corazón en forma más terrenal—. El alma guía, el corazón abre puertas, la mente está al servicio.

Es primordial entender que toda la capacidad de resolver aquello que nos molesta nace de la creencia en uno mismo. De ahi en más, esa autoestima elevada permitirá escuchar más claramente esa voz interior que nos impulsa y acompaña hacia el despertar.

Todo está relacionado con uno mismo. Todo lo hacemos es para uno mismo, aunque pareciera que lo hacemos por otros. La diferencia está en lo que cada uno desea experimentar. Nos ayudamos y asi ayudamos a otros.

Es importante mencionar que el propósito de vida de una persona no está por encima del de otra, aunque a simple vista su impacto humanitario sea mayor. Cada alma se encuentra en un campo de experimentación haciendo su parte del juego y, como tal, cada pieza es fundamental para que el juego avance. Aunque el ego tienda a etiquetar y a comparar.

Respeta el dolor de otros, tambien respeta el momento de tu dolor, pero no permanezcas en el por mucho tiempo. Comprende su origen, reconoce su nacimiento y transfórmalo, es un puente de oportunidad. Permanecer en el dolor provoca separación de la esencia e impacta en la concreción del propósito de vida. Admira el coraje de otros, tambien admira tu coraje, y tenlo a mano como fortaleza que te impulsara hacia nuevas metas que requiere tu propósito.

Se un sabio de esta era. El sabio es integro. Enseña desde su integridad de sentir, pensar, decir, hacer y, finalmente, compartir, todo aquello que le ha permitido ser quien es. No te guardes nada porque no te pertenece. Disfruta y agradece porque tal aprendizaje se manifestó en tu vida, luego trasciéndelo y transmítelo a otros para su transitar. Desde tu Svadharma estarás sumando al gran Dharma colectivo de la humanidad.

Como mencioné en anteriores capítulos, la falsa zona de confort suele ser una zona de dolor soportable y en la cual el ego disfruta, se siente a gusto. Pero este es débil cuando a partir de un trabajo de introspección simulamos un profundo sentimiento de dolor o de amor que nos lleva a los extremos y nos moviliza a tomar acción para cruzar a la verdadera zona de confort.

El ego se hace fuerte en la zona media donde todo es confusión, pero es débil en los extremos. Y nosotros internalizamos el aprendizaje en los extremos. Entonces en un trabajo de introspección puedes engañar a la mente y al ego simulando un profundo acto de amor —extremo positivo— o un potencial futuro de gran dolor —extremo negativo—.

Cualquiera de ambas experiencias te permitirá valorar el aquí y ahora con tus seres queridos, porque del extremo del dolor al extremo del amor se elimina todo sentimiento de apego y posesión.

Yendo a la relación de padres e hijos ¿Por qué nuestros hijos son grandes maestros en nuestras vidas? Porque, en la crianza, veremos reflejado nuestro espejo. Veremos nuestras heridas infantiles y cómo reacciona nuestro niño interior. Desde esa concepción, acompañamos sus procesos y le brindamos la mejor herencia que pueden recibir: nuestra propia sanación.

Ahora, con todo lo visto ¿Crees realmente que alguien te hace algo? O ¿Todo te lo haces a ti mismo? La ilusión de creer que los demás te hacen algo, te mantiene cada vez más lejos de tu Ser y de tu potencial. Los otros sólo vienen a mostrarte lo que todavía no has sanado, por lo tanto, son tus aliados.

Necesitas de ellos como un niño necesita de sus padres. Sin ellos, no podrías hacer consciente lo inconsciente; no podrías evolucionar y ver las heridas que aún continúan en tu interior. Los otros conforman la oportunidad de transformar el dolor en camino, en aprendizaje espiritual. Cuánto más tiempo te quedes en la posición de víctima, más demorarás tu desarrollo personal.

Para madurar y encontrar la paz en el camino espiritual se necesita responsabilidad total. Y esto significa responder con una habilidad diferente a lo mismo de siempre y hacerlo con una energía y una vibración más elevada. Esta capacidad de transformación de lo conocido es el principal poder que tenemos como seres humanos que hemos despertado.

El dolor o karma negativo que llevas en tu interior, convoca todas y cada una de las experiencias que atraviesas. Es gracias a ese dolor que llegan los espejos a tu vida en forma de personas conflictivas. Ellos son en realidad tu propio reflejo, son maestros que vienen a mostrarte tus carencias, y ayudan a que veas, sanes, te liberes y crezcas. Pero la gran mayoría de las personas siguen presas de la terquedad; continúan mirando hacia afuera, buscando responsables por su sufrimiento.

Si quieres construir relaciones maravillosas; llenas de amor, armonía y respeto, ocúpate de tus reacciones. Tienes que pulirte y fortalecer tu estima tanto pero tanto, hasta que logres no reaccionar cada vez que te ofenden, y devolver con amor y comprensión toda conducta ajena errónea.

Para ello se requiere una sana convicción de transformar el ego al sentirse ofendido y que sea un motor que impulse el movimiento para salir del lugar donde te has sumergido por decisión propia, de nadie más.

De alguna manera, eres esclavo de tus creencias inconscientes que rigen tus reacciones emocionales. Cada vez que te sientes amenazado, tu instinto de supervivencia —cerebro reptiliano o primitivo— acudirá en tu ayuda. Lo que ocurre es que el contexto ha cambiado, ya no vives en la era de los primates o cavernícolas. En esta era, regida por la inteligencia emocional, reaccionar como se hacía en las eras anteriores es desgastante. Pierdes mucha energía y no avanzas, todo es absolutamente difícil.

Deja de tomarte todo personal. Eres importante porque formas parte de un todo —campo de conciencia unificado—, pero el ego te hace creer que eres importante individualmente. Y ahí es donde fallas. En realidad, actúas así porque las heridas abiertas resurgen con las experiencias y temes que acrecienten el temor existente. De esa manera vives a la defensiva sin saber que tales experiencias aparecerán tantas veces como sea necesario para que reacciones y sanes.

Si te escapas de las personas conflictivas, las atraerás nuevamente. Entonces, en realidad, estarás escapando de ti mismo. Estas personas se irán solas cuando hayan cumplido su misión, es decir, cuando finalmente hayas sanado tu corazón herido.

Cuando escuchas frases como *"no dejes que la opinión de otros no apague tu propia voz interior"* te están diciendo que todavía no crees en ti. Cuando hay una real creencia en ti, ninguna voz exterior te afecta. El origen del problema está en ti, no en la voz del exterior. Detecta las creencias limitantes que residen en tu inconsciente y toma acción para liberarlas y transformarlas en una nueva etapa de crecimiento en tu vida. Luego conecta con tu voz interior y deja que te guíe. Cuando aparezca otro miedo, frena, observa, detecta su raíz inconsciente, y vuelve a liberar y transformar. Así es el espiral evolutivo de tu Ser.

Deja de creer que estarás en paz cuando las cosas te vayan bien —ver para creer—. Hay que invertir la ecuación. Seria creer para ver. De esta manera te ira verdaderamente bien en el instante en que decides sanar tus heridas y así empezaras a sentirte en paz. No olvides que vemos caos debido a la ignorancia. A medida que el discernimiento emerge el caos se disipa y la verdad aparece.

Un sabio no es alguien que aprende algo de cada persona. Un sabio es alguien que reconoce sus proyecciones inconscientes en otros para auto sanarse. Sanadas las heridas inconscientes transformas el ego —separación— por integración —amor, compasión y unidad—.

Valoremos cada momento. El ser humano tiende a tener que etiquetar todo en rango de importancia o de jerarquía: *"Un hijo es lo más importante de todo"*, *"El sentimiento por un hijo es más que la pareja"*, *"La familia es lo primero"* ...y así podríamos seguir varias líneas. Entiendo que hay sentimientos con un alto poder emocional, ahora nuestros momentos de la vida son muy diversos y no podemos atarlos a una dependencia emocional. Tenemos que empezar a ver la vida como momentos y hacer que cada uno de ellos sea realmente de un sentimiento alto. Cuando estas con tus hijos, con tu pareja, con tus padres, con tus amigos, con tus clientes, en tu soledad, con tus hobbies, con tu descanso, en el sexo, cuando te alimentas, cuando viajas, todo.

Vive cada momento al máximo y sin comparaciones o jerarquías. Somos una única conciencia experimentándose a sí misma. Ese es nuestro origen divino de existencia. Honra y ama a tus vínculos más cercanos.

Tres aprendizajes que me ha ofrecido el capítulo:

16) ....
....
17) ....
....
18) ....
....

Otras notas destacadas del capítulo:

....
....
....
....
....
....
....
....
....
....
....
....
....
....
....
....
....
....
....
....
....
....
....

Parte IV: MISIÓN MATERIAL: PROFESIÓN CONSCIENTE

Capítulo 7: **Barajar y dar de nuevo**

"De aquí en adelante
Estos ojos no serán cegados por las luces
De aquí en adelante
Lo que esperaba hasta mañana empieza esta noche
Esta noche
Deja que esta promesa empiece en mí
como un himno en mi corazón.
De aquí en adelante
De aquí en adelante

...

Bebí champán con reyes y reinas
Los políticos clamaban mi nombre
Pero esos eran los sueños de otra persona
Las trampas del hombre en el que me convertí
Durante años y años
Perseguí sus elogios
La loca velocidad de siempre necesitar más
Pero cuando paro
Y te veo aquí
Recuerdo para quién era todo esto

....

De aquí en adelante
Estos ojos no serán cegados por las luces
De aquí en adelante
Lo que esperaba hasta mañana empieza esta noche
Esta noche
Deja que esta promesa empiece en mí
como un himno en mi corazón.
De aquí en adelante

De aquí en adelante
De aquí en adelante
....
Y volveremos a casa
Y volveremos a casa
¡A casa, otra vez!"

Canción "De aquí en adelante"
de la Película "El Gran Showman"

¿**Q**uieres descubrir tu propósito de vida o tu misión profesional? porque son cosas diferentes. Como habrás notado, en los capítulos anteriores, el propósito de vida considera a la misión profesional, pero va mucho más allá de la profesión. Aunque suele mal confundirse que nuestro propósito de vida es lo que hacemos a través de la profesión.

En esta parte final del libro nos centraremos en la misión material del Ser. Es una misión totalmente relacionada a la materialización a través de la profesión y puedes impactar en la vida de muchas personas. Esta misión es la fuente que origina los recursos materiales necesarios para disfrutar el proceso principal que se requiere como propósito de vida.

Seguramente sea nuestra misión más visible ante el mundo exterior —es la misión más publica de todas—, pero sin dudas el potencial a lograr será resultado de lo que hagamos en las misiones más íntimas —misión espiritual y misión almática—. Toda la labor de conectar con la abundancia interior se verá reflejada en el exterior a través de la profesión.

Así empezamos a transformar los mensajes mediáticos incompletos acerca de que tu misión de vida es lo que haces a través de la profesión. Si bien es clave la forma en que realizas todo, no está de más recordar que la profesión tiene un peso energético de tan solo el 1% del propósito de vida. Ahora, ese 1% es necesario para cerrar la ecuación. Ese 1% permite la completitud del 100%.

Si bien la misión profesional requiere, aproximadamente, de un 80% de nuestro tiempo, sus resultados se potencian con todo lo realizado en las etapas previas —el autoconocimiento, sanación y crecimiento tiene un peso energético de, al menos, 72% en la concreción del propósito de vida—. Ahora, más tiempo no significa que sea lo más importante del propósito de vida, menos aún que nos autorrealicemos a través de la profesión.

La profesión es un instrumento valioso para transmitir un mensaje que será internalizado por otros seres para mejorar sus vidas. Solemos consumir productos y servicios para solucionar un problema o para sentir placer. —nuestros consumos suelen catalogarse entre esos dos grandes grupos—.

Así es que podemos ayudar a mejorar la vida de las personas a través de los productos y servicios que ofrecemos. Eso que hagamos con alma y corazón llevarán consigo el ADN de la divinidad y los resultados serán exponenciales. Pero ¿Qué sucede en la actualidad? Un 80% de las personas no disfruta de su labor, y tampoco sabe porque lo hace, o sabe que solo lo hace por el dinero que necesitan para vivir —en realidad, es una manera de sobrevivir. Es la esclavitud de la vieja era para los seres que todavía no han despertado—. Como decía el músico Facundo Cabral: "*... Este es un nuevo día para empezar de nuevo, ... ahora mismo le podéis decir basta al trabajo que odias. El que trabaja en lo* *que no ama, aunque lo haga todo el día, es un desocupado. Se está traicionando. El pan que se lleva a la casa es pan envenenado, es pan robado. Por eso les va mal hasta cuando creen que les va bien...".*

El Ser consciente sabe muy bien que su propósito de vida no es la profesión. Su propósito de vida es brindar un mensaje que lo trasciende. La profesión puede ser un instrumento o un medio para hacerlo, pero el propósito de vida incluye, como hemos visto, otros ámbitos además de la profesión.

Esto significa pasar de la separación a la integración en la profesión. Pasar de la ambición por el éxito profesional a la búsqueda del sentido profesional. Cuando haces lo que amas, toda labor se disfruta y el éxito está asegurado. Si no haces lo que amas o no has dado con la profesión que amas, sigue buscando con convicción, amor e intención. Pronto aparecerá el primer vislumbre de esa profesión con sentido en tu vida.

Seguramente habrá desafíos, pero no habrá sufrimiento. Y, según se vive actualmente, eso será una ganancia absoluta. Además, aprendes a amar los desafíos porque detrás reside un aprendizaje para seguir creciendo. Vences tus miedos. Evolucionas a través de la profesión.

¿Has conocido a alguna persona que se declare en un estado de felicidad plena a partir de la profesión? La felicidad que el sistema promete es incompleta. Solo puedes percibirlo cuando entiendes que eso que te transmitieron no alcanza para ser feliz. Falta algo.

Recuerdo el caso del actor y comediante Robin Willians que hizo reír y emocionar a millones de personas en todo el mundo, pero su vacío existencial lo llevo al suicidio. Había logrado lo máximo en la profesión y desde ese lugar tapaba toda la carencia que sentía en lo personal y en las relaciones. Así es que muchas personas siguen creyendo que la profesión es la gran misión de vida.

Cuando el mundo empieza a decepcionarnos, aparecen las dudas e inseguridades sobre todo aquello que teníamos prestablecido como un dogma. Entonces, comenzamos a hacernos preguntas, a replantear nuestra vida y a buscar aquello que en verdad somos —también lo que instintivamente sentimos y se alinea con nuestro propósito—. Es entonces cuando tomamos conciencia de que determinadas situaciones, muy establecidas en la sociedad, no aseguran la felicidad. Por ejemplo, el dinero, el tener buenas notas en el colegio, la fama, las posesiones, el éxito a costa de que otro pierda, las relaciones que aparentan ser buenas, pero resultan ser poco satisfactorias, un trabajo bien remunerado pero que no te gusta, o al revés, un trabajo que te gusta, pero no está bien remunerado, entre tantos otros casos.

Muchos seres humanos se conforman con una vida de escasez y, en muchos casos, afectada por el miedo, a tal punto que solo sobreviven. Eso los lleva a procrastinar sus sueños y todo su potencial. Y si bien no hacen mal a nadie, aceptan que la vida es dura y asumen que no podrán mejorarla. Pero ¡la vida es algo más que todo eso que nos dijeron! Entonces, ¿Por qué aceptar las cosas tal cual nos las dijeron? ¿Por qué no hacerlo de una manera diferente? Se trata de aplicar el factor conciencia a todo lo que hacemos y alinearlo a un hacer consciente, como es nuestra esencia, como lo haría Dios. Entonces, aparecen tus capacidades de discernir y manifestar una nueva realidad. Una vez asumida esa nueva creencia, la sientes tuya y la incorporas a tu vida. El hábito se enraizó y la conciencia se expandió. De ahí en más no hay vuelta atrás.

Algún sabio anónimo dijo: *"El secreto del éxito es conquistar aquello que el dinero no puede comprar"*. Está totalmente relacionado a nuestro proceso de transformación interior. El desafío es entender en quien debes transformarte para transitar la distancia entre lo imaginado y el hecho concretado. Allí radica el verdadero éxito, al que está en sintonía con tu propósito.

Ahora, este tipo de éxito se gesta en la más profunda soledad. Cuando trabajas en ti, en tu Ser. Cuando haces lo que debes hacer en tu 80% —sanas, creces, madrugas, meditas, imaginas, creas, investigas, te capacitas, planificas, ejecutas, pruebas, modificas, te mantienes en equilibrio—. El éxito no se origina arriba del escenario o siendo tapa de revistas. Ese es solo el efecto de la causa y sirve, principalmente, para transmitir un mensaje que te trasciende. El éxito se gesta en la causa e implica transitar por zonas incomodas que son necesarias para sanar y crecer.

Todos hemos estado por momentos en zonas incomodas. Muchas veces, estas situaciones nos llevan forzosamente a pensar diferente. Considerar otras opciones y desde ese lugar trascender la versión actual de nuestro Yo Soy con todos sus roles y apegos.

El rol que asumimos en cada situación de la vida —padres, pareja, hijo, ciudadano, empleado, amigo— nos pone una especie de barrera que interfiere, y condiciona el análisis que hacemos de la vida. Entonces, para entender los mensajes que se nos presentan a diario, hay que salirse del rol y trascenderlo. Sino el apego al rol nos puede jugar una mala pasada, y así no podremos interpretar el verdadero significado de lo que nos ocurre. En general, tendemos a ver la foto de lo inmediatamente sucedido, y dejamos de ver, o analizar, la película completa. Todo análisis realizado de esta manera, es incompleto.

¡Sé un experto en tu tema! La gente adquirirá tus soluciones si ven en ti a un experto. Y te retribuirán muy bien por ello. Enfócate en crecer y trascender tus barreras. Eso te permitirá generar productos y servicios de valor. Los recursos vendrán sin buscarlos y superarán todo lo imaginado.

Nunca es tarde para comenzar porque las oportunidades siempre existen. Observa con detenimiento lo que dijo Roberto Gómez Bolaños, actor mexicano creador de personajes como Chespirito, El Chavo del Ocho y El Chapulín Colorado, entre tantos otros: *"La primera vez que interprete al Chapulín Colorado tenía 41 años. Nunca es tarde para comenzar. Quiero decir esto especialmente para aquellas personas que dicen que no tienen oportunidades".* Cuando alma, corazón y propósito se cruzan, no hay tiempo.

Toda iniciativa de emprender algo nuevo nace con críticas. Es inevitable dado el alto grado de desconexión, con la propia esencia, existente en la humanidad. Por este motivo, no te tomes en forma personal todo lo que digan los demás. Cada uno hace lo mejor que puede según su estado conciencial.

Hay que observar y trascender esos dichos teniendo una mirada elevada ya que esa guía te llevará hacia la concreción de tu misión profesional. Lo otro es secundario y forma parte de la obra de teatro, de la ilusión. Puedes asumir el personaje como entretenimiento y lo pasaras de mejor manera, sin renegar, sin frustraciones, sin apegos.

Agradece a cada una de las personas que te dijeron que no puedes, o que no se puede, porque sin esos comentarios no habrías transformado tu vida. Estas personas que pueden parecer una piedra en el camino, realmente son una gran bendición porque todas esas piedras forjaron los cimientos de quién eres y de quien serás. Todo es perfecto para tu proceso de evolución conciencial.

En las sesiones de terapia y/o seminarios me preguntan: ¿Debo dejar mi actual trabajo para dedicarme a lo que me gusta? No es necesario dejar ese trabajo que no disfrutas sin antes saber acerca de tu misión profesional. No se busca trabajo, primero se busca a uno mismo para conocerse y saber cuál es el potencial del alma en la profesión. Luego el trabajo aparece.

La búsqueda y la creación es desde adentro hacia afuera. Cuando solo buscamos lo hacemos desde una mentalidad de carencia y así nada bueno puede surgir. Ser despedido puede ser una gran señal de que se te requiere para otra labor más importante. Requerirá una labor interna para dar con tu profesión desde los dones y los talentos, y que empieces a construir desde ese lugar. Continuar en el viejo trabajo te traería más desequilibrio y desarmonías. Muchas veces no viene eso que queremos por miedo y nos están haciendo un gran favor.

Y recuerda: siempre que lo realizado lleve implícito, como atributo, el empoderar a otras vidas y servir para que sus experiencias sean enriquecedoras, entonces cada producto y servicio que generes estará bendecido. Te sentirás guiado y acompañado en todo momento. Te sentirás en abundancia plena.

De alguna manera estarás viviendo la vida en congruencia con la persona que quieres ser. Veras que tu labor profesional no es algo que tienes que hacer como un deber, sino que es una gran oportunidad de crecer y aplicar la creatividad que se manifiesta a través de ti —somos cocreadores—. Al ser único y autentico reflejarás, en tus productos y servicios, el brillo de tu Ser.

El ego nos hace creer que lo que compartimos, a través de la profesión, nos pertenece. Si bien somos canal de manifestación para la creación, nada nos pertenece. Seguramente muchas personas se sentirán identificadas con cierto material que resuena fuerte en ellos y querrán adaptarlo o mejorarlo. Si así fuese entonces es bienvenido para difundir un mensaje con el cual es necesario llegar a muchas más personas. Somos instrumentos, o intermediarios, de un mensaje que nos trasciende.

Si esa información fue utilizada para lucrar entonces esa persona podría tener un efecto karmático en esta u otra vida. Algo importante que también sucede es que hay muchas personas con ideas pero que no las concretan o no las hacen brillar como se requiere. Si en otros planos más sutiles consideran que debe tener más visibilidad entonces aparecerán las personas adecuadas para que lo realicen. La materialización del universo no se frena porque una persona no lo haga.

El Universo te presentará oportunidades todo el tiempo, según el grado de apertura que tengas —influye el estado conciencial de la persona—. Así podrás captarlas, reconocerlas y accionar en consecuencia.

Hay que dejarse llevar por la fluidez del universo, pero también disfrutar lo que se hace. Después de estar durante años no disfrutando lo que hacía te puedo asegurar que estoy enamorado de mi nueva realidad profesional, nunca me hubiese imaginado semejante libertad creativa, conexión, disfrute de todo lo que sucede en mí Ser y a mi alrededor. Si no hubiese permitido dejarme guiar por esa voz interior del alma, no estaría hoy escribiéndote estas líneas. Por favor actúa, se congruente con tu misión. Nos harás un bien a todos.

He comentado en varias ocasiones que escribo libros para mí. Sano y crezco con cada libro. Me conecto a mi esencia con cada escritura. Valor agregado que produce un libro: lo compartes y las personas que resuenan con el libro también sanan y crecen. Es un ganar/ganar colectivo que empodera a todos.

Esto es lo que considero verdadero éxito en la vida: Sanar, Crecer, Compartir y Servir. El éxito requiere transformación. Y esta nos acerca a la felicidad con plenitud.

El mundo ha iniciado el camino hacia una vida profesional más consciente. Es un nuevo paradigma de conciencia aplicada a la profesión, a los negocios y a las empresas, que afectará a quienes pretendan mantener su trabajo de la vieja era, y no estén dispuestos a adaptarse al nuevo paradigma laboral.

Profesión que no se adapte, tiene riesgo a desaparecer. Aquel que no redefina su actual ocupación, y no se adapte, vivirá tiempos difíciles. Las personas que creen que trabajarán siempre en la misma empresa y que adoptan un estado de comodidad, corren un riesgo muy alto, especialmente cuando la empresa desaparece, se fusiona con otra, o los despide. Recordemos que una empresa privada puede desaparecer por las simples reglas de los negocios. Por eso, debemos considerar ese riesgo al momento de decidir vender nuestros servicios a una única compañía.

Permanecer muchos años en una misma empresa como empleado o contratista requiere de una conciencia muy elevada para no caer en apegos y una falsa zona de confort. A lo largo de mis 20 años como consultor en empresas multinacionales he conocido personas muy reacias a los cambios y a las mejoras. Si bien reconocían íntimamente la necesidad del cambio, la estructura unipersonal construida a lo largo de tantos años los había tornado ineficientes. Su necesidad de mejora existía, pero la inseguridad producida por el miedo al cambio era mayor. En algunos casos se conformaban con soluciones estéticas o superficiales, pero estas no cambiaban el problema de raíz. Hay que tener coraje y visión para redefinir todo y hacerlo realmente escalable. Un Ser libre de apegos trasciende lo unipersonal y lo transforma en impersonal.

Todo trabajador es un profesional independiente, dueño de sus habilidades y conocimientos, y vende sus servicios a una o a varias compañías que los necesiten. Es indispensable entender que debe capacitarse y, en lo posible, no depender de un único cliente o empresa. En ese caso, es necesario implementar estrategias financieras para generar ahorros ante imprevistos e invertir.

Al mismo tiempo que algunas profesiones dejan de existir, se crean otras nuevas. No se verán afectadas las profesiones y los trabajos que han incorporado los avances tecnológicos, sino aquellas personas que no entiendan que esos avances forman parte de la realidad, y que no son una moda pasajera.

En el mundo actual, más identificado con la nueva era de la información —y la conciencia—, creer que tendrás la misma profesión toda la vida es una idea obsoleta. La profesión que eliges cuando eres adolescente será el puntapié inicial para una serie de profesiones que tendrás a lo largo de tu vida laboral. Es probable que tengas al menos cinco o seis —incluidas adaptaciones o complementos de la original—.

Muchos adolescentes escuchan en su entorno: *"Con estudio y esfuerzo, podrás encontrar un trabajo bien pago y tener un gran futuro laboral"*. El consejo es insuficiente para lograr la realización profesional. Seres queridos tratarán de darles su mejor consejo, ya que tienen intención de ayudar, pero no siempre es lo mejor porque aconsejan desde perspectivas, paradigmas y vivencias que funcionaron en otro momento. En esos casos, puedes escucharlos y luego corresponde investigar el tema con especialistas que hayan logrado antes lo que deseas. Difícilmente, una persona que siempre ha sido empleado en relación de dependencia te diga: *"crear un emprendimiento y ser independiente es una buena opción"*. Tienes que interpretar muy bien desde que paradigma recibes un consejo.

Por otro lado, el sistema educativo, en el cual te formaste, es obsoleto en la gran mayoría de los países. La confianza y las expectativas que has puesto en el estudio de tu profesión —dentro del sistema educativo tradicional— solo te brindará conocimientos que apenas representan el 20% de tu éxito profesional. El 80% restante depende de cualidades y competencias que no se enseñan en dicho sistema. Por ejemplo: Valores y principios de vida; Desarrollo personal y espiritual; Ética; Creatividad; Imaginación; Asociación; Actitud; Perseverancia; Proactividad; Empatía; Bondad; Autocontrol; Liderazgo; Comunicación; Flexibilidad; Negociación; Relaciones ganar/ganar y colaborativas; Trabajo en equipo; Discernimiento de lo importante de lo no importante; Focalización; Administración de prioridades; Administración del tiempo; Administración de las finanzas personales; Vender un producto o servicio; Saber venderse uno mismo; entre tantos otros.

Estas competencias se aprenden en distintos ámbitos. Algunas de pequeño en el hogar y a través de seres queridos —familiares y amigos—, también en actividades sociales —clubes deportivos, teatro, música, otros—.

Luego, siendo adolescente o adulto, mediante la auto capacitación. Lectura de libros, especialmente biografías de los agentes de cambio de la humanidad —quienes han logrado los resultados que tú buscas—. También asistir a seminarios y a conferencias.

A continuación, te presento un resumen de los valores y principios conscientes —en orden de prioridad— que desarrolla un Ser que decide aplicar el factor conciencia a su vida profesional:

1. Hace lo que ama y le apasiona.
2. Tiene vocación de servicio. Busca servir a la mayor cantidad de personas.
3. Sus productos y servicios agregan valor a lo existente.
4. Considera que todos ganen. Crea relaciones ganar/ganar con sus clientes, empleados y proveedores.
5. Lo hace sustentable y sin dañar al medio ambiente.
6. Genera dinero feliz, lo administra eficientemente y ayuda a otros.

Esto difiere de lo que enseñan en las escuelas de negocios, donde se plantea que el principal objetivo de una empresa es la rentabilidad —solo ganar dinero—. Como seres que nos encaminamos hacia una nueva conciencia tenemos mucho para replantearnos.

Formas parte de un Universo donde todo está conectado y todos somos uno. Por ese motivo, ten en cuenta que cada acción que realices en tu vida laboral, y afecte en forma negativa a otras personas, o al medio ambiente, genera karma. Asumir la conciencia en cada acto requiere de una mayor responsabilidad.

Tres aprendizajes que me ha ofrecido el capítulo:

19) ....
....

20) ....
....

21) ....
....

Otras notas destacadas del capítulo:

....
....
....
....
....
....
....
....
....
....
....
....
....
....
....
....
EL PODER DEL PROPÓSITO DE VIDA ....
....
....
....
....
....

Capítulo 8: **El mundo profesional y empresarial**

"Trabajar en elevar nuestro nivel de conciencia nos acerca y puede llevarnos a alcanzar el nivel más alto, aquel en el que la competencia se transforma en cooperación. Donde el enfrentamiento es un juego que estimula la excelencia. Donde lo que parece rivalidad es, en realidad, colaboración que incluye y transciende la competencia. En la plenitud de la conciencia no jugamos para ganar, nos esforzamos por ganar para poder jugar".

Fredy Kofman en su libro "La Empresa Consciente"

¿Qué sucede hoy en las empresas?

Cada año, las organizaciones invierten millones de dólares en capacitación y formación que no producen los resultados deseados. ¿Por qué? La razón principal es que no se enfocan en la causa raíz para que se produzcan cambios reales y sostenibles en el tiempo.

Es muy importante entender que para producir cambios duraderos debemos identificar los patrones mentales y emocionales que, hasta ahora, han moldeado nuestras vidas. De esta manera podremos transformarlos y conectar con nuevas experiencias que nos direccionarán hacia una nueva realidad. De igual manera sucede en las empresas.

Dado este contexto sabemos que las organizaciones, que solo invierten en capacitación, están experimentando situaciones como:

- Desmotivación y falta de compromiso de gerentes, líderes y equipos.
- Problemas de innovación y adaptación al contexto que se ven reflejados en la caída de la creatividad, la productividad y los resultados comerciales.
- Ambiente emocional estresante.
- Problemas de comunicación interna y externa.
- Una extensa brecha entre las metas deseadas y las logradas.
- Procesos internos ineficientes.
- Selección de personal con altas deficiencias a partir de métodos tradicionales.
- Problemas en la cadena de valor con proveedores y clientes.
- Problemas de liderazgo ejecutivo que se ven reflejados en:
    - Cultura organizacional disfuncional: Valores, Misión y ADN de la Empresa desconocidos.
    - Problemas de identidad: ¿Por qué o para qué existe la empresa?

Mi experiencia de más de 20 años como consultor empresarial permitió entender que, antes de mal gastar los recursos en capacitación y formación, es necesario identificar los síntomas que frenan a las empresas para que no logren todo su potencial y desde ese diagnóstico elaborar el tratamiento adecuado y personalizado para sus directivos, gerentes, líderes y equipos de trabajo.

Entonces, producida la toma de conciencia sobre la raíz del problema se activarán los enlaces neuronales que permitan la apertura mental y emocional necesarias para reaprender nuevos conceptos e identificar opciones que impulsarán las empresas al siguiente nivel de forma sostenible.

Creo que, así como las personas pueden transformar su realidad y generar cambios reales desde adentro hacia afuera, las empresas también pueden hacerlo de igual forma. Para ello, a través de la consultora ADN Empresarial Consulting[23], hemos diseñado las soluciones BioNeuroManagement® y BioNeuroAssessment® que integran:

- **PNL, Neurociencias y Eneagramas:** Detectamos patrones en el actual ADN de la empresa, a partir del NeuroManagement y el NeuroLiderazgo para dar con la deficiencia funcional de la empresa y, a partir de los modelos de personalidad, analizar el desequilibrio entre las áreas y así brindar una combinación optima.
- **Coaching de Vida, Organizacional & Liderazgo Ejecutivo:** Relevamos el impacto de esos patrones en cada ámbito de la vida y, especialmente, en el ámbito profesional de la Dirección, Gerencias y Líderes de la empresa.
- **Decodificación Emocional y Ambiental:** Analizamos, desde su raíz, los patrones ocultos inconscientes, asociados al síntoma que presenta la empresa en sus procesos de negocios, con el fin de decodificarlos y así promover la curación a través de su liberación y transformación.
- **Reprogramación Cuántica & Epigenética:** Transformamos los patrones actuales y rediseñamos el nuevo ADN empresarial.
- **Biología Sistémica para el Cambio Evolutivo:** consideramos a la empresa como un gran Sistema o Ser vivo con órganos —áreas internas— y en ellos aplicamos los patrones del nuevo ADN empresarial para promover los cambios evolutivos en cada órgano del sistema.
- **Metodología de Assessment Orientada a Procesos:** realizamos un relevamiento detallado de la empresa y sus procesos de negocio con una visión integral desde adentro hacia afuera, considerando cada órgano del sistema y toda la cadena de valor.

Así logramos una solución integral desde el corazón de la empresa, su nuevo ADN Empresarial. De esta manera empezamos a gestar el nuevo paradigma de líderes, profesionales y empresas integrales y conscientes que requiere la nueva era.

---

[23] www.ADNempresarial.biz/index/

Considero a las empresas un ser vivo, una extensión del ser humano entonces nuestro tratamiento no difiere demasiado del utilizado en las personas —especialmente en los mandos altos y medios: dueños, gerentes y lideres—. Las disfunciones del sistema raíz se verán reflejados en los equipos, pero ¿Qué hacen tradicionalmente las empresas? Cuestionan a sus equipos y los capacitan para que *"mejoren lo que no funciona bien"* en lugar de revertir la mirada y comprender que lo que se ve en los equipos es reflejo fiel de lo que se ve en los mandos altos y medios. Los programas y creencias inconscientes existentes en los mandos altos se trasladan a todos los órganos de la empresa en forma jerárquica de arriba hacia abajo —así se constituye el ADN de la empresa—.

Entiendo que el 80% de los problemas en las empresas tienen su raíz en los mandos altos y medios. Solo un 20% podría recaer en los equipos o staff, pero el 80% de las capacitaciones la enfocan en estos como si fuesen el problema. Es necesario revertir la mirada.

A los mandos altos les cuesta reconocer que son el origen del problema —similar a lo que ocurre con el ego personal que no se siente parte del problema—. Pero cuando estos aceptan que son el origen del problema y también de la solución, entonces se abre el campo áurico para la toma de conciencia y se produce la transformación. Esto luego se traslada hacia todos los mandos intermedios y los equipos.

El mundo profesional y empresarial demanda ser acompañado en su proceso de reinvención, transformación y crecimiento para que alcancen su máximo potencial. Y es necesario hacerlo de forma simple, consciente y con una visión integral de la empresa. Se puede sumar valor en la humanidad a través de las empresas ya que su impacto llega a las familias. Esto producirá transformaciones de raíz en las nuevas generaciones.

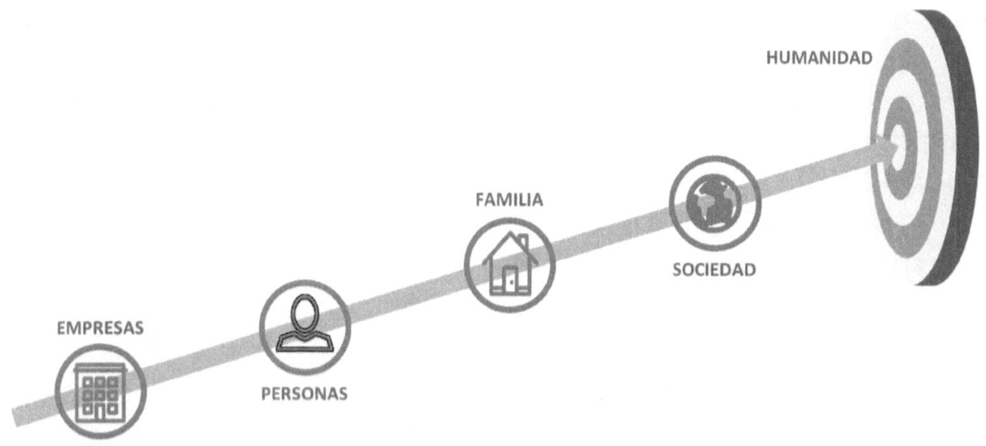

Es necesario sanar y fortalecer los principales activos de las empresas:

- **Propósito y valores:** Su propósito y/o misión de existencia —el *"para qué"*—. Los valores y principios en los cuales se sustenta.
- **Relaciones:** Las relaciones internas —las personas que la integran—. Las relaciones externas —Clientes y Proveedores—. Así se tiene una visión integral de la cadena de valor.
- **Productos y servicios:** Los productos y/o servicios que brinda, así como los procesos de creación e innovación.
- **Información y comunicación:** Información y comunicación tanto interna como externa. Imagen corporativa. Procesos para transformar datos en información valiosa. Sistemas informáticos.
- **Finanzas y economía**: La energía del dinero tanto interna como externa. Liquidez. Endeudamiento. Bienes materiales.
- **Metas**: El estado actual versus el estado deseado. Los puntos de dolor o limites encontrados, y su somatización en el sistema empresarial y/o familiar.

Cada día más profesionales y directivos de empresas entienden que es el momento de transformar la mentalidad, el liderazgo y la estrategia de las compañías y emprendimientos que dirigen. Tener una visión toroidal, integral, de cada componente u órgano que comprende al ser vivo empresarial que emana de ellos.

Esto implica ir a fondo, a la raíz de las disfuncionalidades del sistema detectando los síntomas que consideramos necesario atender, sanear y transformar para que la empresa pueda avanzar en su proceso de crecimiento y expansión.

Algo en que, increíblemente, siguen fallando las empresas, emprendimientos, los profesionales y los directivos, es definir la base que sustenta y dirige toda acción futura:

- El "Para qué" (Misión)
- El "Cómo" (Valores y Principios)
- El "Qué" (Nicho o Rubro + Productos y Servicios)
- La "Visión" (Proyección de la empresa)
  - Plan estratégico de largo plazo (3, 5 y 10 años)
  - Metas deseadas de mediano plazo (1 año)

    o Objetivos de corto plazo (hoy a 1, 3 y 6 meses)

La misión está asociada al *"para que"* de la empresa y habla del momento presente con mirada al futuro. Otro punto importante de la misión: solo se habla de la empresa, no se menciona a los clientes u otro agente exterior.

El *"Cómo"* está relacionado a los valores y principios que definen a la empresa y su forma de accionar. Toda labor se potencia cuando se encuentra en un contexto que lo favorece, por ello es tan importante darle un marco adecuado que permita mantener una línea de ética y conciencia empresarial. Esto permitirá focalizar en las metas y agilizar la toma de decisiones ante tantas opciones que confunden y hacen que las empresas pierdan sus objetivos. Algunos ejemplos de Valores y Principios: Liderazgo, Compromiso, Colaboración, Bienestar Emocional, Empoderamiento, Integridad Empresarial, Excelencia, Innovación, Creatividad, Simplicidad, Sumar Valor, Empatía, Sustentabilidad, Vínculo humano grato y perdurable, etc.

El *"Qué"* está relacionado a los productos y servicios que brinda la empresa, así como los servicios postventa.

La *"Visión"* se refiere a la estrategia de largo plazo. Aquí se habla de tiempo. Se habla de hacia dónde se proyecta la empresa. En la Visión se habla de liderazgo en el rubro y también se debería considerar el concepto de crear una comunidad de clientes satisfechos y felices —las empresas de hoy necesitan crear una comunidad, una tribu de seguidores—. También se consideran términos energéticos elevados como felicidad y abundancia a lo largo del tiempo —que te recomienden constantemente es sinónimo de expansión—.

En la *"Visión"* es necesario enfocarse en la estrategia en el tiempo —ser la empresa líder— y también enfocarse en el cliente —comunidad, satisfacción, felicidad, recomendación—. De esta manera se genera un círculo virtuoso y expansivo que se retroalimenta. De igual manera se puede incluir a los proveedores y así integrar toda la cadena de valor.

Así es que todos los síntomas mencionados pueden agruparse en las siguientes etapas de desarrollo:

- **Primera etapa:**
    - o Gestación e Historia
    - o Análisis del ADN Empresarial
- **Segunda etapa:**
    - o Liderazgo
    - o Ambiente Emocional
    - o Modelos de Personalidad
    - o Organigrama y Estructura Jerárquica

- o Comunicación Interna
- **Tercera Etapa:**
  - o Comercialización y Fuerza de Ventas
  - o Comunicación Externa con la Cadena de Valor (Proveedores y Clientes)
  - o Marketing e Imagen Corporativa
- **Cuarta Etapa:**
  - o Análisis de los Procesos Empresariales
  - o Productos y Servicios
  - o Creación e Innovación
  - o Productividad y Eficiencia
  - o Metodologías de Trabajo en Equipo
  - o Sistemas de Información
  - o Infraestructura Tecnológica
- **Quinta etapa:**
  - o Finanzas y Economía
  - o Cobranzas y Endeudamiento
  - o Tablero de Indicadores Corporativos (KPI's)
- **Sexta etapa:**
  - o Proyección, Expansión y Metas
  - o Planificación Empresarial y Financiera para alcanzar las metas deseadas

A su vez, estos contarán con una o más soluciones específicas que es recomendable implementar. Todos instrumentos para acelerar los procesos de sanación y expansión a través de Decodificación Emocional®, BioNeuroCoaching®, BioNeuroManagement® y BioNeuroAssessment®.

Todo lo mencionado aplica a cualquier tamaño de empresa, emprendimiento o profesional independiente. La transformación del actual paradigma organizacional es inevitable. Es una utopía creer que van a seguir igual a partir de los cambios y enseñanzas que nos brinda esta nueva era en forma de *"crisis"* —pandemia y otras—.

Ya damos por preestablecido que las empresas y los profesionales van a experimentar una transformación. El dilema es ¿Cómo lo harán?, o ¿Desde qué lugar lo harán? ¿Desde una conciencia más elevada o desde el miedo?

¿Cómo se ven las empresas a sí mismas? ¿Cómo se ven hacia el mundo? ¿Cómo es su nivel de creencias? ¿Cómo estás las condicionan ante el mundo? ¿Cuáles son sus valores? ¿Cuán integras son respecto a la toma de decisiones? ¿Cuáles son sus metas? ¿Cuántas de estas metas la trascienden como empresa? ¿Cómo será su liderazgo?

Las empresas, profesionales y directivos también merecen vivenciar un proceso de autoconocimiento para detectar sus bondades y sus puntos de dolor para sanar y crecer. Merecen desarrollar un proceso interior para alcanzar su máximo potencial, convirtiéndose en la mejor versión de sí mismas.

Se requiere de empleados, profesionales y directivos con ética y conciencia, íntegros y comprometidos por el bienestar colectivo, con inteligencia emocional, responsables de su accionar y su impacto en los demás.

De esta manera se logrará un nuevo paradigma organizacional que genere abundancia real en todos los involucrados y sus familias. Abundancia en todos los ámbitos de la vida que se multiplicará en las sociedades y países. Será realmente genuino y sostenible en el tiempo. Serán empleados, profesionales y empresas que trascenderán las *"crisis"* sin importar la forma en que se manifiesten. De esta manera se generará un campo energético unificado con el fin de lograr el bienestar común.

Como veras, hay mucha labor por delante para generar cambios genuinos y duraderos. Manos a la obra.

Tres aprendizajes que me ha ofrecido el capítulo:

22) ....
....
23) ....
....
24) ....
....

Otras notas destacadas del capítulo:

....
....
....
....
....
....
....
....
....
....
....
....
....
....
....
....
....
....
....
....
....
....
....
....

Capítulo 9: **Dones y talentos (instrumentos divinos)**

"Seabiscuit fue un caballo de carreras de finales de los años 30 con ninguna aspiración y chances de ganar debido a su pequeño tamaño, a su pereza y a su carácter indomable.

Seabiscuit nació en 1933 y era el nieto de Man O'War, un caballo purasangre muy reconocido hasta ese momento, pero su comportamiento poco amigable le hizo ser durante sus primeros años el sparring de otros caballos.

No fue hasta 1936 que, en una unión perfecta, se conocen los protagonistas de esta increíble historia de superación. Charles Howard, empresario que lo ha perdido todo y está tratando de reconstruir su vida después de la trágica muerte de su único hijo y el fin de su matrimonio. Charles quiere entrar en el mundo de las carreras de caballos y buscaba un entrenador que lo asesore. En ese ámbito conoce a Tom Smith, un ex jinete cuyo mundo se estaba desvaneciendo y se había convertido en un entrenador poco ortodoxo de caballos.

Tom es capaz de identificar instintivamente a un buen caballo y al jinete adecuado. Tenía la capacidad de mirar a los ojos a los caballos y así conocerlos. De esa manera descubre a Seabiscuit mientras recorría un centro de equitación. Inmediatamente observa en sus ojos una furia contenida y la gran insatisfacción que yacía detrás de Seabiscuit. Había un potencial enorme que estaba siendo reprimido y se expresaba con pereza o rebeldía exacerbada.

Entonces asesora a Charles sobre el potencial de este caballo a pesar de que a la luz de los ojos parecía lo contrario. Al no ser tenido en cuenta por otros, el caballo fue adquirido por un precio muy accesible. Tom sabía que necesitaba que Seabiscuit deje de ser minimizado como un caballo de sparring y tenía que lograr que conecte con su esencia y desarrolle su potencial.

Para ello hacía falta un jinete que sintonice con Seabiscuit y su rebeldía. Allí Tom logra identificar a Johnny Pollard, un joven con el alma destrozada, aspirante a jinete que lucha con su peso, el abandono de sus padres y que está enojado con todo el mundo. Inmediatamente que se conocen Seabiscuit y Johnny surge una afinidad y respeto mutuo. Johnny no le tenía miedo y Seabiscuit, que tambíén había sido maltratado por mucho tiempo, lo percibió y le permitió ser montado. Se había producido la combinación perfecta de cuatro desconocidos que tenían un potencial dormido en dones y en talentos, y que, hasta el momento, en forma separada, no habían podido triunfar. Desde ese momento se pusieron manos a la obra y empezaron a transformar sus realidades.

En 1937, Seabiscuit, se convirtió en el caballo más popular y que consiguió mayores ganancias en carreras. Pero, War Admiral, era el caballo de carreras purasangre que más reconocimiento acaparaba —era hijo de Man O'War—. Así que en 1937 War Admiral fue nombrado caballo del año al haber conseguido la Triple Corona. Pero Seabiscuit empezaba a acaparar la atención de los aficionados y también de los que no lo eran.

Así fue que Charles, sabiendo todo el potencial que tenía Seabiscuit, inicio una campaña nacional para que ambos caballos corran una carrera y definan quiera era el mejor del año. Seabiscuit se estaba convirtiendo en un símbolo de lucha y de esperanza, un espejo en el que muchos americanos se miraban para afrontar la depresión económica que les estaba hundiendo en esa época.

El propietario de War Admiral esquivo a Charles por largo tiempo hasta que fue insostenible el clamor de la gente por tal desafío. Charles decía: "Nuestro caballo es muy pequeño y nuestro jinete muy alto. El sueño parece imposible y todo el mundo pierde alguna vez. Puedes hacer las maletas y volverte a casa o seguir intentando"

No fue hasta el 1 de noviembre de 1938, que ambos caballos se enfrentaron en una carrera épica llamada "La Carrera del Siglo". Pocas semanas antes, Johnny sufre un accidente que, según los médicos, no le permitiría montar nunca más un caballo de carreras. Así que, con otro jinete amigo de Johnny, se realizó un entrenamiento acelerado para que este nuevo jinete conecte con Seabiscuit y pueda alcanzar el tan esperado triunfo ante el favorito War Admiral, quien era un caballo mucho más grande.

El entrenamiento del nuevo jinete era tanto con Seabiscuit en el hipódromo como con Johnny en el hospital. Allí Johnny le develo un secreto de Seabiscuit que descubrió mientras corría con él. Le dijo: "Caliéntalo bien, camínalo despacio y si quieres que vaya rápido solo agítalo, que vea que estás ahí, sabrá que es hora. Jamás le pegues del lado izquierdo, ahí lo golpearon cuando aún era un bebe. Si lo obligas a que avance un poco antes del poste te dará un poco más. ... Ahora te daré el mayor secreto de Seabiscuit: Sabes que Tom quieres que busques la delantera en la primera vuelta, pero deberás frenarlo en el último trecho porque Seabiscuit debe buscarlo y verlo a los ojos. Le gusta sentir que pelea por él mismo.

Si lo emparejas con el caballo que va detrás, él lo mira a los ojos y seguro que no perderá la carrera. Tu solo frénalo un poco en esa última vuelta, deja que vea a War Admiral, después suéltalo. Su fuerza no está en sus patas, está en su corazón."

El día de la carrera el sitio más cercano para estacionar estaba a 15 cuadras. La NBC transmitió la carrera y todos los negocios abrieron solo medio día para que sus empleados puedan oírla. Seabiscuit había entrado a la carrera con un 2 a 1 en contra y unos 40.000.000 de estadounidenses seguirían la carrera en vivo.

Seabiscuit logró ganar a War Admiral, cuando todos los pronósticos indicaban lo contrario. Ahora sí, Seabiscuit se coronó como el Caballo del Año, pero le quedaba pendiente la victoria en la carrera más prestigiosa del circuito ecuestre americano: la Handicap de Santa Anita. Llega como favorito después de ganarle a War Admiral y en medio de la carrera se lesiona. Se rompió los ligamentos de su pata delantera izquierda. En esos momentos, muchos pronosticaron la retirada definitiva del caballo en los circuitos de carreras.

Ahora sucede que jinete y caballo están lesionados. Entonces, Johnny y Seabiscuit comenzaron a recuperarse juntos, demostrando que no hay nada mejor para un caballo de carreras que la buena relación con su jinete.

A principios de 1940, caballo y jinete volvían a estar listos para competir. De nuevo, los pronósticos indicaban que no podría aguantar la alta competición. Tras varias carreras, parecía que Seabiscuit no conseguiría volver a ser un caballo ganador. Pero ambos no se doblegaron ante la adversidad y volvieron a demostrar que era un increíble caballo y, tras varias carreras, consiguió el tan ansiado Hándicap de Santa Anita. Al respecto, su entrenador Tom dijo: "No se tira una vida por la borda porque esté un poco magullada".

A su retirada, fue el caballo que más dinero había conseguido en carreras de toda la historia. Decenas de miles de personas se desplazaron en los años posteriores a visitar el rancho de Ridgewood, California, el retiro dorado de Seabiscuit.

Seabiscuit y su equipo se convierten en ganadores, capturando la imaginación de todos los que quieren creer en un sueño, a pesar de los innumerables problemas que se encuentran en el camino. Su entrega y superación fue paralela a la recuperación de Estados Unidos, erigiéndose en un símbolo de esperanza para muchas personas. Johnny dijo: "Todo el mundo piensa que encontramos este caballo averiado y lo curamos, pero en realidad él nos curó a nosotros. De alguna u otra forma nos recuperamos y lo hizo de una forma que nos permitió cuidarnos y ayudarnos los unos a los otros."

Charles, su propietario, dijo sobre Seabiscuit: "A veces, cuando alguien pequeño no sabe que es pequeño, puede hacer grandes cosas."

La historia de Seabiscuit, un auténtico ejemplo de superación a partir de que todos los protagonistas conectaron con sus dones y desarrollaron sus talentos.[24]

---

24 Recomiendo que veas la película "Seabiscuit, más allá de la leyenda".

Cuando actuamos desde los instrumentos divinos que nos fueron otorgados —dones y talentos— nos alineamos a nuestra esencia. No eres tu cuerpo, no eres lo que posees, no eres lo que haces, pero, a través del hacer puedes ser. Y desde ese auto reconocimiento fluyes con tu esencia y descubres tu propósito, junto a tus dones y talentos. Todo es resultado del autoconocimiento.

Si te preguntas cómo descubrirlos, la respuesta empieza a develarse cuando reconoces lo que te obsesiona, lo que piensas todo el tiempo y hace que tu corazón se acelere. Eso te acerca a ellos para que luego tomes acción, los desarrolles, y los brindes a la humanidad. Así lo expresó Emilio Carrillo, quien es economista y filósofo, referente mundial de la EcoDon —la economía basada en los dones y los talentos—: *"Los dones y talentos es todo aquello que hacemos de manera natural, sin esfuerzo y que nos genera entusiasmo"*.

Alguna vez ¿Has hecho algo que te guste mucho? ¿Sabes por qué lo haces? ¿Puedes explicarlo? ¡Quizás no, simplemente lo haces! Sale natural. Forman parte de tus dones y tus talentos.

Ahora, sin entusiasmo, nada de ello podrá manifestarse. Este término proviene del latín Enthusiasmus, que a su vez deriva etimológicamente de *"en Theos"*, Dios dentro de mí. Para los griegos, el entusiasmo se reflejaba en aquellas personas guiadas por la fuerza y la sabiduría de un Dios. Entonces, desde esa concepción de su Ser, eran capaces de hacer que ocurrieran las cosas. No existía otro motivador interior que el Ser expresando sus dones y talentos como instrumento de Dios.

En el mundo de la dualidad, el expresar los dones y talentos también hace que por momentos dudemos y tengamos miedo. Y estos surgen de las creencias y heridas inconscientes que necesitan ser sanadas. El miedo asumido desde esta mirada te moviliza a hacer cosas nuevas. Esto lo transforma en tu aliado para que avances hacia tu propósito.

A todos nos ha pasado dudar, a pesar de que reconocemos nuestros dones y talentos —aparecen trabas emocionales que nos impiden disfrutar de ellos y ofrecerlos plenamente al mundo—. Es necesario comprender que los dones y talentos forman parte de un conjunto íntimo de herramientas, que la divinidad ha puesto a tu disposición para que desarrolles tu vida, y todo aquello que has venido a dar, y a aprender. Entonces, con total confianza, fluyes hacia eso que te apasiona, y actúa considerando que Dios proveerá todo lo que necesites para cumplir ese propósito —teniendo en cuenta que solo serán conscientes aquellos actos que agreguen valor a la humanidad, y no afecten negativamente la vida de otros seres vivos—.

Una vez reconocidos los dones y talentos, es muy importante desarrollar cualidades como: la mentalidad de largo plazo, la perseverancia, y el mantenerte focalizado. Por esta razón, es tan importante trabajar en nuestro Ser a través de instrumentos que ayudan a aquietar la mente y concentrarnos. Si la mente está inquieta, se pierde el foco ante cualquier distracción —estos desafíos se nos presentan para saber si nuestra fe en el propósito es realmente sincera—. Focalizar también nos permite discernir aquello que no queremos, y así liberarnos de tareas u obligaciones que no estén en línea de nuestro propósito.

La mentalidad de largo plazo es una gran cualidad, muy pocas veces tenida en cuenta. Considera que tu plan es de largo plazo —tres, cinco o diez años—, pero tus tareas son diarias y contribuyen a ese plan.

El concepto de perseverancia va a la par con los sueños, y el propósito. Mientras estos persistan no habrá situación que atente contra ellos. En algunos casos sentirás que persistes en un error porque nada ha resultado según lo planeado. Puede que el camino a elegir deba ser otro, sin que por ello cambie el objetivo. En estos casos, hazte preguntas con plena fe, y suéltalas al Universo. Las respuestas llegarán y se expresarán de alguna forma, por lo general, en la que menos esperas. A medida que tu conciencia crece y se expande, afinas la percepción y la intuición. Minimizas la tasa de error.

Así como, en la panza de su mamá, un bebe vive en la abundancia porque no le falta alimento, de igual manera, cuando nos conectamos con el Universo y nos alimentamos de él: nada nos falta. Si bien nuestra visión del camino son unos pocos pasos, al ponernos en movimiento, el camino va tomando forma y cocreándose entre tú y el Universo —allí radica la importancia de tus pensamientos—.

En sus inicios, Steve Jobs no imaginó lo grande que sería Apple 40 años después, tampoco creó su compañía pensando en la invención del iPhone. Como él dijo en su discurso, en la Universidad de Stanford: *"No puedes conectar los puntos hacia adelante, solo puedes hacerlo hacia atrás. Así que tendrás que confiar en que los puntos se conectarán alguna vez en el futuro. Confía en algo, en tu instinto, destino, vida, karma, lo que sea"*. Llegará el momento en tu vida en que se manifieste todo aquello para lo cual te has preparado, y también por lo cual has perseverado. Ahora, para perseverar en el propósito hace falta fe y valor, más aún cuando los resultados no llegan tan rápido como quisiéramos.

Los dones y talentos pueden detectarse desde temprana edad, o pueden crecer en forma gradual, según el plan del alma para su encarnación. Los dones son innatos, vienen desde antes de nacer. En cambio, los talentos son las capacidades que también están en nosotros, algunas veces ocultas, y que desarrollamos mientras nuestro Ser crece y se expande.

Los talentos bien trabajados hacen que los dones brillen mucho más. A su vez, el desarrollo de un don o un talento puede ser gradual. Por ejemplo, es como participar en un maratón y empiezas a entrenar, no puedes pretender que en un mes estés plenamente listo para competir en los 42 km. Difícilmente lo logres y muy probablemente te frustres. Distinto es si, en tu primer maratón, aspiras a llegar a los 3 km; luego, en el siguiente, a los 5 km; y así hasta llegar a los 42 km finales.

Ahora, si desarrollas a conciencia tus dones y talentos, es inevitable que te vuelvas un experto en el tema que te apasiona. Para ello, debes capacitarte y, con perseverancia, mantener la continuidad. No abandonar, porque quien lo hace posterga su misión profesional.

Raimon Samsó, amigo y autor de libros de desarrollo personal, conferenciante y director del Instituto de Expertos, define así a un *experto*: *"Un experto es primero y antes que nada un estudiante de su tema. No es el que más sabe de su tema, pero es uno de los que más aprenden, ahora y siempre. […] Creo que hay algo más importante que ganarse la vida y es ganar un estilo de vida para entregarse a lo que te apasiona y convertir esa llamada interior en un servicio al mundo y a su gente. Nada tiene sentido hasta que se comparte, y tu talento y energía son el mejor regalo que puedes hacer al mundo. No te lo guardes, nos estafarías a todos. Si sirves al mundo, no dudes ni por un momento que el mundo te recompensará de una manera que ahora ni te imaginas"*[25].

Una vez descubiertos tus dones y talentos, necesitas dar con tu misión profesional. No necesitas un trabajo sino dar con la misión profesional, y el trabajo será el instrumento para cumplirla. Esta misión te moviliza cada mañana. El *"por qué"* o el *"para qué"* haces lo que haces. Así logras un marco y un alcance adecuado, lo cual te permite focalizar, especialmente en la etapa inicial porque en esa instancia necesitas, más que en ningún otra, orden y organización para administrar tiempos, recursos, energías, planificar y gestionar. Una vez estabilizadas las tareas que dan soporte, permite que fluyas y funciones en piloto automático. Sin esfuerzo.

En ocasiones las personas asumen, inconscientemente, el reconocimiento como una forma de alimento para continuar el camino que están desarrollando. Si bien la búsqueda de reconocimiento es algo que esta innato en nosotros desde pequeños —el primer reconocimiento que buscamos es el de mamá y papá—, a medida que avanzamos hacia una profesión consciente poniendo al servicio nuestros dones y talentos, el reconocimiento deja de ser buscado. Ese alimento que parecía necesario —propio de una mentalidad de

---

[25] "La clase emergente de los expertos" de Raimon Samsó, Barcelona, España, Publicado en Amazon, Año 2014, posición 121 y 226 del libro digital.

miedo y escasez— pasa a un segundo o tercer plano, o simplemente desaparece.

Así nos abrimos a recibir el amor por todo aquello que brindamos a través de nuestros productos y servicios, pero también sabemos que no somos dueños de ellos, sino que se manifiestan a través nuestro por gracia divina. Y estos se manifiestan cuando asumimos la pertenencia a esa conciencia superior que también está en nosotros, entonces cada acto esta direccionado hacia allí.

En el capítulo *"El factor conciencia aplicado a la profesión y a los emprendimientos"* del libro *"El Factor Conciencia"*, expresé en detalle cómo avanzar con tus dones y talentos en una profesión, o en un emprendimiento, aplicando conciencia. Allí verás cómo puedes ser tú mismo guiado a través de tus dones y talentos, enfocado en dar servicio y asumiendo todas las consecuencias que el Universo tiene preparadas para ti.

Si aún no has descubierto tus dones y talentos, o quieres mejorarlos, dejo a tu disposición este enlace donde encontraras ejercicios para que trabajes en ellos: www.SilvioSantone.com/libros/ (Área de descargas para lectores).

Tres aprendizajes que me ha ofrecido el capítulo:

25) ....
....

26) ....
....

27) ....
....

Otras notas destacadas del capítulo:

....

....

....

....

....

....

....

....

....

....

....

....

....

....

....

....

....

....

....

....

....

....

....

....

Capítulo 10: **Planificación profesional y financiera consciente**

"Ya en la primera clase habríamos de percatarnos de que el camino del arte sin artificio no es fácil. Primero nos mostró los arcos japoneses y nos explicó que su extraordinaria elasticidad era el resultado de su peculiar construcción y de las características del material con que estaban hechos, el bambú. Pero mucho más importante aún era para él que advirtiéramos la forma extremadamente noble que adopta el arco, de casi dos metros de longitud, una vez armado con la cuerda, y que se manifiesta de manera tanto más sorprendente cuanto más se lo estira. Cuando la cuerda está estirada hasta donde lo permita el arco, éste encierra el "universo", agregó el maestro, y por eso es tan especial que se aprenda a extenderlo correctamente. Luego tomó el mejor y más fuerte de sus arcos y, en una actitud marcadamente solemne, hizo rebotar repetidas veces la cuerda levemente estirada. Esto produce un tono, mezcla de cortante restallido y grave zumbido que, tras escucharlo algunas veces, nunca más se olvida: tan peculiar resulta y tan irresistiblemente invade el corazón. Desde tiempos remotos se le atribuye el misterioso poder de conjurar a los malos espíritus, y puedo comprender muy bien que tal creencia se haya arraigado en todo el pueblo japonés.

Después de esta significativa introducción purificadora y consagratoria, el maestro nos invitó a observarle atentamente. Colocó una flecha, estiró el arco a tal extremo que llegué a temer que no resistiera el esfuerzo de encerrar el universo, y por fin disparó. Todo esto no sólo se veía muy bello, sino que parecía fácil.

Entonces nos ordenó: hagan lo mismo, pero observen que el tiro de arco no está destinado a fortalecer los músculos. No deben estirar la cuerda aplicando todas sus fuerzas sino procurando que trabajen las manos únicamente, mientras que los músculos de brazos y hombros permanecen relajados como si contemplaran la acción sin intervenir en ella. Sólo cuando hayan aprendido esto cumplirán una de las condiciones en que el tiro 'se espiritualiza'".[26]

Libro: Zen en el arte del tiro con arco.

---

[26] Libro "Zen en el arte del tiro con arco", Autor Eugen Herrigel, Editorial Kier, Año 2010, Capítulo 3, Pagina 33.

¿**P**ara qué es importante una planificación profesión y financiera consciente? ¿Por qué más del 80% de las personas desarrolla una profesión que no disfruta? ¿Es posible desarrollar una vida profesional desde los dones y los talentos? ¿Por qué cuesta tanto relacionarnos con el dinero y gestionar nuestras finanzas personales? ¿Es posible alcanzar una vida libre, abundante y próspera?

Desde pequeños asumimos lealtades a patrones transgeneracionales que originan las creencias limitantes. Estas nos condicionan en varios ámbitos de la vida, especialmente en todo lo referente a las relaciones, la profesión y las finanzas personales.

Se torna valioso analizar los patrones inconscientes a los que fuiste condicionado para entender su impacto en el ámbito profesional y financiero para comprender la brecha existente entre tu realidad y lo anhelado.

Para ello es necesario dar con el *"para qué"* de la profesión. También reconocer los dones y desarrollar los talentos ocultos suficientes para este momento de tu vida.

La clave no es *"qué haces"* y *"cómo lo haces"*, sino qué te moviliza a hacerlo, el *"por qué, o para qué, lo haces"*. Aquello que haces desde el alma, con energía y sin esfuerzo. Aquello que el mercado reconoce y está dispuesto a retribuirte. Una vez respondido el *"por qué o para qué"*, podrás ver el *"cómo"* y el *"qué"*.

Un concepto interesante, que Simon Sinek, escritor y motivador inglés, representa en lo que él llamó *"El círculo de oro"* y así lo explica en una charla TED[27]:

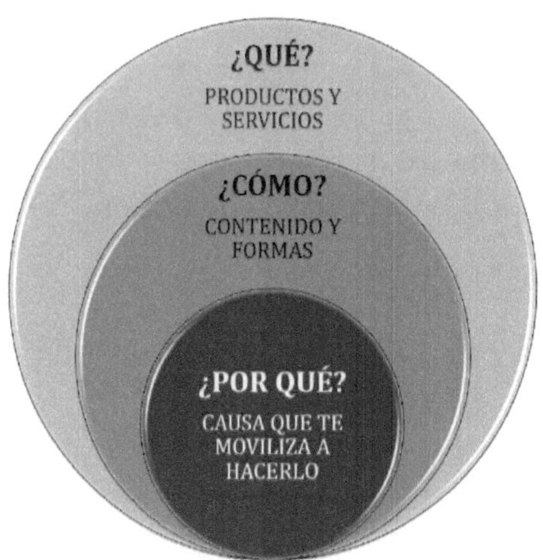

---

[27] http://www.ted.com/talks/simon_sinek_how_great_leaders_inspire_action

"Todo comienza por el POR QUÉ. Este círculo señala cómo algunas empresas y líderes son capaces de inspirar, mientras otros no lo logran.

1. *Toda persona y empresa sabe QUÉ es lo que hace.*
2. *Pero solo algunas saben CÓMO lo hacen.*
3. *Lo más grave es que muy pocas personas y empresas saben el POR QUÉ hacen lo que hacen, es decir, cuál es su causa, su propósito, su creencia.*

Este último punto es la razón del fracaso de muchas empresas, que no saben inspirar a sus clientes la necesidad de por qué lo deben tener. Si a ellos mismos no les queda claro, es imposible convencer y vender una idea. Por este motivo, creo que la gente no compra lo que uno hace, compra el por qué lo hace.

Apple es uno de los mejores ejemplos de que no todo en la vida empresarial es ganar dinero. Veamos cómo se lee su círculo de oro:

Nosotros creemos en retar el statu quo en todo lo que hacemos. Creemos en pensar diferente (POR QUÉ). La forma en la que retamos el statu quo es haciendo productos amigables con el usuario y con un diseño hermoso (CÓMO). Fabricamos computadoras, reproductores de música, celulares, software, y tenemos tiendas de comercio electrónico (QUÉ). El POR QUÉ de Apple, retar el statu quo, está presente en todos sus productos y le permite innovar en diversas industrias. Encontrar un POR QUÉ no es fácil, y no perderlo de vista en lo que hacemos es aún más difícil. Nadie te puede decir cuál es tu POR QUÉ. Es algo que cada persona, compañía y organización debe encontrar por sí misma, pues es su razón de ser. Ya que encontrar el POR QUÉ es una experiencia diferente para cada persona u organización. La meta no es hacer negocios con todos aquellos que necesiten lo que tú tienes, es hacer negocios con la gente que cree en lo que tú crees".

A continuación, comparto el gráfico del Método Silva[28] que nos muestra una forma simple para encontrar el propósito profesional:

---

28 Ver http://blog.metodosilvadevida.com /metodo-silva-pasion-y-profesion/ (Fecha de consulta: 3 de agosto de 2017).

Si logras definir lo que amas, lo que haces bien y lo que el mundo necesita, estás en el camino correcto de un Ser que aplica en factor conciencia en su profesión. Estarás en línea con tu propósito de vida profesional.

Definirlo te permitirá encontrar tu inspiración y tu misión, lo cual te dará como resultado disfrutar diariamente una vocación. Lo que te paguen dejará de ser lo principal si cumples con todo lo anterior, porque disfrutarás haciendo lo que amas. La paga será el efecto último del servicio o del producto que brindes al mundo —ya seas un empleado de una compañía, profesional independiente, emprendedor, empresario—. Y, a mayor calidad, mayor reconocimiento monetario. En caso de recibir demasiado dinero, tienes una responsabilidad doble: administrarlo eficientemente para que ese flujo de dinero crezca y se multiplique —también ayudando a otros—.

A partir de ello puedes definir un plan profesional y financiero. Así desarrollarás una mentalidad de abundancia y prosperidad que atraerá dinero feliz a tu vida. Aportarás al mundo un valor que trasciende tu individualidad y puedes generar prosperidad para ti, para tu entorno y para la humanidad. Entonces, a partir de un plan financiero —con hasta 5 niveles de estados financieros a alcanzar— podrás encaminarte hacia una verdadera riqueza espiritual y material. La unión de ambos mundos.

Recuerda que toda planificación es un mapa de ruta que no es estático, porque habitas un mundo y un Universo que está en constante movimiento y es dinámico, por lo tanto, tendrás que desarrollar la capacidad de adaptación a lo que sucede a tu alrededor sin perder el foco de tu plan. Quizás la ruta cambia en medio del trayecto, pero nunca cambia el destino que definiste.

Dicha planificación la puedes plasmar mediante técnicas como Mapas Mentales y Metodologías Ágiles[29]. Este tipo de metodologías potenciarán tu accionar personal y el de tu equipo de trabajo.

Ten en cuenta que toda la labor se potencia cuando se encuentra en un contexto que la favorece. Por lo tanto, habiendo trabajado en tu interior necesitas continuar con el exterior, con tu hábitat personal y profesional. Es recomendable aplicar las bondades del Feng Shui en el hogar, empresa u oficina para potenciar tus capacidades y tus proyectos, en forma integral. También optimizar tu rutina diaria para lograr mayor energía, productividad y eficiencia en tu labor, incluido un plan de alimentación consciente. Sobre ello encontrarás información en el libro *"Tus Horas Milagrosas"*.

De esta manera lograrás:

- Reconocimiento profesional porque serás un referente en tu mercado.
- Libertad para elegir tus clientes, tus honorarios y administrar tu tiempo.
- Experimentar un proceso de transformación profesional que cambiará tu vida.
- Ahorrar mucho tiempo, energía y dinero que podrás aplicar a tus proyectos.
- Gestar una profesión inmune a las crisis financieras.
- Desarrollar de plan con Múltiples Fuentes de Ingresos
- Armar una cartera de inversión libre de karma financiero.

En esta era se requiere de inteligencia adaptativa. En un mundo tan cambiante el adaptarse rápidamente es fundamental para lograr la meta que cada uno se proponga. Esa gran meta es el propósito de vida y, como tal, no necesita rigidez en su concreción sino entendimiento de lo que sucede en el alrededor. Adaptación sin perder de vista la meta y flexibilidad para seguir avanzando. La técnica en el corto plazo puede cambiar, pero la estrategia de largo plazo no.

---

[29] En el libro "Tus Horas Milagrosas" podrás encontrar una explicación detallada sobre estas técnicas.

Administración del tiempo. Regla 80/20

¿Sabías que el 80% de los resultados de tu trabajo lo obtienes invirtiendo un 20% de tu tiempo? Este ejemplo se lo conoce como la ley de Pareto o la regla 80/20. Wilfredo Pareto fue un economista y sociólogo italiano. Él descubrió que, de forma general y en una amplia cantidad de fenómenos, el 20% de las causas explican el 80% de los resultados.

Así pues, el tiempo es un recurso de este plano material que necesitas optimizar y aprovechar. ¿Por qué? Porque es un instrumento puesto a disposición para la expansión y la evolución del Ser. Por eso es que el tiempo no es tu mayor riqueza, tu Ser lo es. Y el tiempo es solo un medio para lograrlo.

El tiempo por sí solo no significa nada. El significado se lo das tú según como lo gestiones. Y para hacerlo, realmente bien, se requiere autoconocimiento, dirección y acción enfocada, porque es un instrumento valioso para llevar a cabo el propósito de vida. Encontrarlo y realizarlo requerirá de tiempo muy bien administrado. A su vez, si disfrutas del proceso te transformarás en un Ser *"Consciente, Productivo y Feliz"* ¿Qué te parece? ¿Estás dispuesto?

Muchas veces creemos que hay que hacer grandes cosas, pero en realidad se requieren de pocas cosas bien hechas, que marquen la diferencia. Todos tenemos 24 hs al día. Al ver lo que otros hacen con gran entusiasmo y obteniendo grandes resultados es indispensable no quedarse en excusas. Tienes que ser un amo del tiempo. Tú y solo tú sabes cuándo parar y cuando avanzar. También cuando es necesario autoobservarse para detectar los programas transgeneracionales, las creencias limitantes, los karmas de vidas pasadas y las emociones estancadas que frenan tu accionar[30].

Mahatma Gandhi dijo: *"Un minuto que pasas es irrecuperable. Conociendo esto, ¿cómo podemos malgastar tantas horas?"*. El tiempo siempre esta. El tiempo siempre se hace. Pero esto únicamente sucede cuando sabemos lo que queremos y cuando hemos dado con nuestra misión o propósito de vida —también su búsqueda requiere tiempo—. ¿Qué se necesita para lograrlo? Creo que una gran convicción y fe hacia esa conciencia superior y el propósito que ha de manifestarse a través nuestro. Por eso siempre aclaro que es *"creer para ver"* y no al revés.

Tiene que haber una razón principal o de peso para justificar toda acción. Esa razón tiene que estar alineada a la misión que vamos a emprender —

---

[30] Las sesiones de BioNeuroCoaching® tienen como objetivo desarrollar un diagnostico global para detectar los programas transgeneracionales, las creencias limitantes, los karmas de vidas pasadas y las emociones estancadas que frenan el potencial del consultante. Luego se diseña un Tratamiento y un Plan de Acción integral para liberarlos y transformarlos. Para más información: www.SilvioSantone.com/BioNeuroCoaching/

totalmente integrada al propósito de vida—. En determinados días pueden aparecer muchas razones menores que nos confundan, pero la suma de todas ellas, con seguridad, no superarán el 20% de los buenos resultados. Si no nos percatamos de ello, estas podrán consumir el 80% de nuestro tiempo y los resultados serán realmente pobres, además de que nos sentiremos mal con nosotros mismos por no avanzar como deseamos —lo que repercutirá en nuestra autoestima y habrá un gran drenaje de energía—. Así que el 80% de los resultados efectivos llegarán por esa única razón principal que justifique nuestro accionar diario. Entonces, la clave es detectar cuál es esa razón —nuestro *"por qué"* o *"para qué"*—.

A lo largo de mi vida profesional como consultor empresarial he participado en decenas de proyectos en empresas multinacionales. En la gran mayoría de ellas detecté una gran pérdida de tiempo en las reuniones —cercano al 80% de las reuniones—. Había momentos que realmente sufría de tener que participar en reuniones improductivas con muchas personas, hasta que empecé a utilizar técnicas que me permitían avanzar en otros proyectos o tareas mientras mantenía plena atención en lo que hablaban. Lograba distinguir las palabras claves que realmente eran tema de discusión y de valor para mí en la reunión y hacia mi aporte cuando estas ocurrían.

Lamentablemente, en la gran mayoría de las reuniones solo el 20% del tiempo es productivo. Steve Jobs, Cofundador de Apple, renegaba mucho de esta falencia empresarial que es una costumbre casi establecida en muchísimas empresas y optimizaba sus reuniones para que participen muy pocas personas, sean agiles y de muy pocos minutos.

Para tener resultados del más alto nivel en cada área de nuestra vida es necesario administrar muy bien nuestro tiempo y también establecer una rutina de gran calidad energética.

Administra muy bien la calidad de tu sueño y lo que haces en las primeras horas de la mañana y tendrás el 80 % de tu energía vital para un día memorable. Ello impulsará tu vida a un nivel que ni te imaginas. Cada día tienes una cita contigo mismo e inicia con el descanso y esas primeras horas de la mañana. Allí radica la verdadera victoria personal. Todo lo demás, que suceda en el día, es consecuencia de esto.

Veamos algunos tips importantes a tener en cuenta:

- Los domingos por la noche tienes que armar tu lista semanal de temas. El 80% corresponden a lo importante. El 20% temas menores que hay que corresponde hacer —tramites—.

- En lo posible no más de tres temas y, al menos, uno de ellos debe terminarse esa semana. El resto pueden ser temas que lleven más de una semana, pero es bueno establecer cierto avance posible y medible. Serian subtemas que suman a la concreción del tema principal.

- Considera que, probablemente, el 20% de toda la lista pueda no hacerse por imprevistos. Cuando estos suceden hay que tener la flexibilidad y el discernimiento suficiente para entender que es lo urgente y prioritario sin perder de vista los temas centrales.

- Todas las noches repasa la lista y establece las tareas menores que suman al tema principal. Esto influye en el inconsciente y la conexión con nuestro Yo Superior para que nos ofrezca el mejor potencial futuro sobre esos temas que nos preocupan.

- Por la mañana repasa lo definido en la noche y toma acción enfocada utilizando las herramientas e instrumentos que consideres conveniente.

- Previamente establece muy bien los horarios y momentos del día para tratar los temas importantes y los secundarios. Allí recomiendo que cada uno haga lo que mejor sienta según su autoconocimiento. En mi caso personal, si tengo tramites que puedo pasar al final del día mejor y aprovecho desde la mañana a avanzar con las tareas importantes hasta que termina el día y me ocupo de lo secundario. Pero también tengo días que ciertos tramites o reuniones requieren que sean a la mañana, entonces me ocupo de todo ello inmediatamente en la mañana así, una vez finalizadas, me queda el resto del día sin interrupciones y avanzo en forma más eficiente. Lo importante es la eficiencia y no tener cortes constantes que nos saquen de los temas importantes ya que terminaremos sin avanzar en ningún frente. En mi caso alcanzo una alta eficiencia cuando puedo estar varias horas seguidas en los temas importantes, así que me organizo para evitar interrupciones.

- Recuerda: Regla 80/20 en todo es la clave.

- Para las personas que ofrecen productos y servicios recomiendo la siguiente distribución de su tiempo laboral:

  - Productos: Esta área tendría que representar el 45% de tu tiempo productivo. En mi caso son libros y video cursos que se desarrollan por única vez y son vendidos desde la tienda en mi página web, o desde las redes de librerías asociadas, o también desde portales internacionales como Amazon y Mercado Libre. Allí pueden ser adquiridos y así se generan ingresos pasivos porque no dependen de mi presencia activa para ser vendidos. Considerando la planificación profesional y financiera en forma integral, sería ideal que tus productos generen el 80% de tus ingresos dejando solo un 20% para aquellos servicios que requieran de tu presencia activa.

o Servicios: Esta área podría representar el 30% de tu tiempo productivo. Aquí es donde generas ingresos activos porque se requiere de tu presencia activa. En mi caso está relacionado a los servicios de consultoría que brindo a empresas —llamado BioNeuroAssessment®—, así como sesiones a líderes y ejecutivos de empresas —BioNeuroManagement®—, como las sesiones para particulares —BioNeuroCoaching® y Decodificación Emocional®—. También los cursos online o presenciales que brindo los fines de semana —Salto Cuántico® e Instituto de Élite®—, el posteo en mi blog, el podcast y el programa de radio semanal.

o Promoción & Marketing: Esta área podría representar un 20% de tu tiempo productivo. Todo lo relacionado a posteos en redes sociales, campañas de marketing, actualización de página web, diseño gráfico, por ejemplo. Si bien son temas que pueden ser delegados a un profesional requiere inicialmente más de tu intervención hasta que puedas disminuir tu tiempo a lo esencial y así dedicar más tiempo a las áreas de Productos y Servicios. En mi caso agrego el tiempo dedicado a conferencias, notas en medios de comunicación.

o Otros: Todo lo concerniente a tramites contables y jurídicos mensuales, especialmente cuando dispones de una empresa. Este tiempo, en promedio, no tendría que superar el 5% de tu tiempo. Aquí es muy importante contratar buenos asesores contables, impositivos y abogados.

Estrés: Perdida de energía en el ámbito de la profesión

Es muy valioso saber encauzar la energía. Cuando tienes un propósito, proyecto o idea, debes hacer foco en ello y dirigir allí el 100% de tu energía. De lo contrario, su materialización será lenta. También es importante no confundirse con las múltiples opciones que existan para llevar a cabo la tarea. Eso suele generar parálisis de acción y atrasar su concreción. Tienes que avanzar cada día. Y ante situaciones que no sabes cómo seguir entonces pedir asistencia divina y estar receptivo. De alguna manera se manifestará lo necesario para que la tarea continúe. Imagínatelo terminado y funcionando. Siéntete agradecido de que tal manifestación de creatividad se esté realizando a través de ti. Vive y disfruta todo el proceso de creación y su desarrollo. De esa manera la energía tendrá una dirección clara hacia dónde dirigirse y no se perderá.

Hay personas enfocadas en hacer simple lo complicado. También hay personas que, desde su desconocimiento, hacen complicado lo simple. ¿Cómo distinguirlo? La energía que conlleva. Lo simple vibra alto. Lo complejo vibra bajo. Todo es energía en movimiento.

Somos seres de energía y vibración. Con nuestra energía generamos ondas de sonido y luz en el Universo. Esto es información que viaja por todo el Universo. Así que todo lo que sentimos, pensamos, decimos y hacemos viaja como información en el Universo e impacta en todos los que lo habitan. De esta manera todo lo que emana de ti llega a su destino de alguna manera. ¿Realmente crees que lo que piensas de una persona no le llega? Cuidado con los pensamientos y la energía que malgastas en ello.

Aplicando la regla 80/20 es importante aceptar que lo realizado puede tener, al menos, un 20% de ajustes y mejoras. Ante esto, una práctica muy valiosa es dejar reposar lo realizado unos días, mientras atiendes otros temas. Esos momentos de desconexión inicial con el producto o el servicio que estas generando son muy necesarios para luego darle una mirada desde otro lugar, entonces allí encuentras detalles que antes no te habías percatado. Eso mismo hago con mis libros. Escribo un capítulo y no lo repaso inmediatamente, sigo con otro capítulo u otro tema. Días después lo repaso y aparecen importantes mejoras.

Todas las personas, en el ámbito laboral, pasamos por momentos donde podemos ver mermado nuestro rendimiento debido a situaciones que nos preocupan, incluso el estrés. Para transitar mejor esos momentos ten en cuenta lo siguiente:

- **Conversa con un experto**

  Es de mucha liberación el compartir lo que te sucede con especialistas como un terapeuta, un coach, un mentor, o alguien que ya haya hecho lo que tú quieres hacer. Te darás cuenta de que, al menos, un 80% de las cosas que te suceden les han sucedido a otros y escuchar como lo han superado puede ahorrarte mucho tiempo, angustias y dolores de cabeza. Tener una charla mensual con un experto es una de las mejores terapias constructivas y empoderadoras en las que puedes invertir para tu profesión y/o proyectos.

- **No te compares con otros**

  Esa es la voz del ego que surge de la baja autoestima y amor propio. Los miedos e inseguridades inconscientes son usados por el ego para justificarse y victimizarse a través de la comparación.

  Acepta tu propio crecimiento observando como has evolucionado al mirar hacia tu pasado. Ya no eres el de uno, tres, cinco o diez años atrás. Ese es un gran motivo de festejo y disfrute personal. Cuando surja esa voz del ego comparándote con otros cambia inmediatamente tu pensamiento y observa tu crecimiento. Acto seguido desarrolla un plan hacia donde te diriges. Si logras identificar al talento que merece ser mejorado entonces traza un plan de capacitación con expertos en el tema y avanza. En pocas semanas o meses habrás trascendido esa incomodidad en ti y habrás incorporado a tu Ser nuevo conocimiento que impulsará el nuevo ciclo profesional que estas destinado a vivenciar. Sanación y crecimiento antes que comparación.

- **No eres tus fracasos**

  No existen perdedores en esta escuela de aprendizaje divina. Si te olvidas de la necesidad de ganar, entenderás que no existen los perdedores ni los fracasos. Todo es una ilusión creada por el ego. El fracaso es, simplemente, el resultado de haber intentado algo. A su vez, todo resultado es la consecuencia de una acción que lo antecede. Los resultados son neutros. Lo que importa es la manera en que interpretes ese resultado —según el desarrollo de tu discernimiento—, y las nuevas acciones que realices a partir de ello. En la vida no se gana o se pierde, en la vida se aprende; y todo lo que experimentes servirá para expandir tu conciencia a niveles superiores.

Dinero y conciencia

El dinero es solo un instrumento hacia el propósito, y representa uno de los tantos símbolos en que se expresa la abundancia. Por esta razón, es muy importante saber administrar esta energía materializada. No hay límites para la abundancia, no hay escasez. Solo hay malos administradores. Y eso lo vemos en un hogar, en un negocio, y también en un Gobierno.

No posees bienes materiales, solo los administras. Si los administras bien, permanecerán contigo; si los administras mal, desaparecerán. De igual manera sucede con el dinero.

La abundancia es un estado de conciencia al que tienes que aspirar. Es un estado de merecimiento que debes creer, y crear en ti. La prosperidad y abundancia material la creas en tú interior. Se origina en ti, y se manifiesta en el afuera. No depende de variables externas —gobierno, la situación económica, tu empleador, el avance de la tecnología y la globalización, entre tantas otras excusas—. La forma en que se manifestará tu riqueza es impredecible, pertenece al ámbito que esta fuera de tu control. Ten presente que nadie te da tu riqueza. Tú mismo te la das o te la niegas, como dije antes: es un estado de conciencia.

Así mismo, una cuenta bancaria en mal estado es como una enfermedad. Es un aspecto de tu vida que merece ser sanado. Tus pensamientos y creencias influyen en ello. Emociones como la desvalorización, la inseguridad, la baja autoestima, el no merecimiento y la falta de amor propio pueden verse reflejadas en determinados aspectos de nuestra vida. Uno de ellos es cómo administramos el dinero. No saber hacerlo está relacionado con patrones errados sobre el dinero, que forman parte de nuestras creencias, y residen en el inconsciente —en muchos casos, provienen del inconsciente transgeneracional, porque si se analiza el clan familiar, se podrá ver que el mal manejo del dinero pasa de generación en generación—. Difícilmente los padres que no administran bien el dinero puedan transmitir buenas creencias sobre las finanzas personales a sus hijos. Si los hijos aprenden a hacerlo bien, entonces habrán sanado ese karma del clan familiar, y es muy probable que inicien un ciclo de prosperidad financiera.

Para no confundirnos y trascender la riqueza, tenemos que saber *"por qué o para qué"* lo hacemos. Definir la causa que nos moviliza diariamente a la acción, nos mostrará qué tan comprometidos estamos con el propósito de vida. El *"cómo"* llegará de la manera adecuada según el *"por qué o para qué"*, que enviemos al Universo. Generalmente nos enfocamos en el *"cómo"*, y especulamos con todo tipo de alternativas. Todas son suposiciones que reflejan nuestras dudas. El Ser no duda.

El *"cómo"* requiere confiar en la fuente que provee, y estar receptivos a las oportunidades que se nos presentan en múltiples formas. Al mismo tiempo, en el *"cómo"* tenemos que considerar los valores y principios que hemos definido previamente para nuestra vida. Ellos nos permitirán discernir entre las distintas oportunidades, y aceptar aquellas realmente válidas.

Aquel que mida todo según el retorno de la inversión —ROI— estará en problemas. Al considerar que el factor conciencia es clave para el logro de una vida con propósito, podemos plantear dos miradas distintas del ROI:

- Sin aplicar el factor conciencia: Te enfocas en el resultado. Solo te interesa saber cuánto ganarás, sin importar cómo afecte a otros seres vivos. Además, se generan expectativas; y si estas no se cumplen, te frustras.
- Aplicando el factor conciencia: Te concentras en el proceso y el aprendizaje para el crecimiento de tu Ser y de tu entorno. Eliminas las expectativas sobre el resultado. Ante esta posición de cero expectativas, las ganancias son infinitas, reales y puras.

Para alcanzar verdadera libertad financiera —a la que, en mis seminarios y conferencias, llamo *"Libertad Financiera Consciente"*—, antes hay que elevar la conciencia, trascender el ego, y encaminarse hacia una libertad integral del Ser. Siempre el trabajo es en uno mismo y luego se traslada hacia el afuera. Este concepto puede aplicarse a cualquier aspecto de la vida del Ser, inclusive las finanzas personales.

El inversor consciente entiende que la inteligencia financiera radica en saber administrar el ingreso, y hacer alquimia para transformarlo en un activo que genere ingreso pasivo. Sabe que a ello lo antecede una transformación personal e integral del Ser, y su mentalidad. Asume el rol de observador y se abstrae hacia una visión más elevada de su realidad —ve su estado patrimonial de activos y pasivos sin expectativas ni apegos—. Esto le permite detectar qué parte del proceso tiene que mejorar para que los activos superen a los pasivos.

En su plan, el inversor consciente, no solo tiene una estrategia de salida de la inversión; también se enfoca en el proceso de tal manera que define el aprendizaje que desea adquirir con dicha experiencia. Sabe que, a mayor experiencia, mayor es la inteligencia financiera. Es así como se minimizan los riesgos y se incrementa el retorno de la inversión. Por este motivo, trasciende el resultado monetario y se enfoca en el proceso. Enfocarse en el resultado monetario seria propio de una mentalidad de escasez.

Un dicho oriental expresa: *"Alguien se sienta hoy bajo la sombra de un árbol que plantó mucho tiempo atrás".* La planificación financiera y el largo plazo son piezas fundamentales para el éxito financiero, pero increíblemente, las personas pasan más tiempo planificando sus vacaciones que su futuro financiero.

Debes tener un plan basado en tu propósito de vida —este incluye a tu familia—, que conste de varias etapas. Ese plan te movilizará cada mañana. También, debes tener la flexibilidad necesaria para adaptarlo a las distintas pruebas y oportunidades que se presentarán en el camino —sin perder el foco en el *"por qué o para qué"* que dio origen a dicho plan—. Tendrás que estar receptivo a todo ello y saber discernir lo que sirve a tu plan de lo que no.

El plan siempre antecede a la acción, no puede haber acción sin plan. Por mi experiencia en las sesiones de mentoring profesional y financiero, las personas no definen un plan, y buscan resultados inmediatos. Ese tipo de mentalidad es la que recomiendo cambiar. El escenario que habitualmente planteo es el siguiente: Si hoy recibieras una herencia de un millón de dólares, ¿Sabrías qué hacer? Si tu plan cambia rotundamente por la llegada de tal cantidad de dinero, este no era coherente con tus verdaderas creencias y patrones acerca del dinero. Tu plan debe estar preparado para recibir tal cantidad de dinero, y sin que este se altere. Entonces, pasarás a hacer lo que hoy haces, pero a una escala mayor.

En las sesiones tambien formulo una pregunta que considero trascendental para la vida: *"¿Qué legado quieres dejarles a tus seres queridos y a la humanidad?".* En el camino de la libertad financiera consciente, todo termina en un legado, y en el mensaje que queremos transmitir para el bien de nuestro entorno y la humanidad. Todo lo que hagamos formará parte de un plan que nos trascienda. Armar este tipo de plan actúa directamente sobre el ego y lo adormece. Nos libera de apegos y de la creencia que poseemos algo. Entonces, empezamos a considerar que el largo plazo es una pieza fundamental para la autorrealización personal.

Necesitas un presupuesto para administrar y controlar tus finanzas. Al principio, es necesario controlarlo diariamente, hasta que modifiques las creencias y patrones que te han llevado a malgastar el dinero. Si tus hábitos relacionados con el dinero empiezan a sanar y mejorar, los estarás asimilando, y el control se minimiza. Entonces, alcanzará con unas pocas veces al mes. Cuando ya tienes el hábito formado, deja de ser una preocupación, y te enfocas en el paso siguiente: generar riqueza y compartirla.

¿Cómo modificar los patrones y creencias sobre el dinero? La clave es la educación financiera y una clara convicción para transformar la mentalidad de escasez a una mentalidad de abundancia. No recomiendo la educación financiera, que solamente se enfoca en cómo ganar dinero. Recomiendo una educación financiera que considera una transformación personal enfocada en el Ser sanando las creencias inconscientes erradas acerca del dinero. Seguramente, el proceso de transformación permitirá generar mucho dinero, pero será como resultado de modificar tus patrones a partir de tu transformación personal y trabajo interior.

La mentalidad de libertad financiera es muy diferente a la mentalidad de merecimiento, arraigada en muchos países cuya ciudadanía depende en demasía del Estado. En una economía tradicional, depender del Estado —a través del sistema de planes sociales, de asignaciones familiares, de la jubilación, seguro de desempleo, entre otros— es una de las más riesgosas elecciones para la vida financiera. Esa mentalidad de merecimiento —generada por gobernantes con mentalidad de escasez— es creadora de pobreza estructural, que permanece en el tiempo.

Nunca tu plan financiero puede ser depender de un tercero —ya sea el Estado, tu pareja, tus hijos, tus padres—. Solo ocúpate de llevar finanzas conscientes, sumando activos que generen un flujo de efectivo suficiente para mantener tu estilo de vida, cualquiera sea el Gobierno o las crisis económicas. Por lo tanto, la clave es muy simple: a mayor inteligencia financiera se minimizan los riesgos.

El concepto de no trabajar por dinero sino por la creación de activos, es similar al de una profesión asumida desde la conciencia. Al asumir una profesión desde tus dones y talentos, solo te enfocas en dar valor a la humanidad. Y esta te lo recompensa de muchas formas: con amor, alegría, energía, vibración, relaciones, dinero, tiempo, entre otros. El producto o servicio que desarrolles desde tus dones y talentos será tu más preciado activo. En ese proceso creativo, de conexión divina, no existe el dinero. Solo eres tú como instrumento cocreador que manifiestas aquello que atraerá dinero.

Paso siguiente: asume la responsabilidad de administrar bien ese dinero. Haz que genere más flujo de efectivo, y compártelo para seguir creando más valor, ayudando a otros a crear activos basados en sus dones y talentos. Por lo tanto, no tiene que ver con cuánto dinero ganas, sino hacia dónde fluye tu dinero. Hacia qué activos los direccionas cuando lo administras.

Así como el *feng shui* nos enseña que tu hogar refleja tu personalidad y cómo estás emocionalmente, tu estado y plan financiero expresan quién eres. Un estado financiero muestra cómo expresas tu realidad a través del dinero.

Por esta razón, es fundamental que armes tu estado financiero actual y planifiques los próximos años —uno, tres, cinco y hasta diez años—.

La cartera de inversión es consecuencia del plan definido previamente, debe ser coherente con este. Tu cartera de inversión, y el *"cómo"* lograrás libertad financiera, también expresan quién eres. Si tu conciencia avanza en discernir las inversiones conscientes de las especulativas, puedes reorganizar tu cartera de inversión depurando y limpiando lo que lograste con tu viejo yo, y así armar una nueva cartera que se identifique más con tu nuevo yo —el que aplica el factor conciencia—.

Perdónate lo que hayas hecho antes, y pide disculpas sinceras a quien hayas perjudicado. Devuelve a la comunidad, o a quien corresponda, aquello que no es tuyo y fue mal ganado. Comienza nuevamente por algo más puro. Hay que trascender el ego y el dinero. De eso se trata la libertad financiera consciente.

Ten en cuenta que la creatividad siempre antecede al ingreso pasivo. Hacer una transacción de inversión en la que todas las partes resulten beneficiadas requiere mucha creatividad y, previamente, un trabajo en el Ser para entender que la mejor fórmula para una transacción exitosa es que ambas partes ganen. Un ganar/ganar, lo que mi amigo Raimon Samsó llama *dinero feliz*[31]. Un Ser que aplica el factor conciencia al dinero solo acepta en su vida la llegada de dinero feliz, dinero bien ganado, libre de karma y sufrimientos —inclusive si se trata de una herencia—. Y, a su vez, lo da con alegría cuando paga.

¿Por qué *"finanzas e inversiones conscientes"*? Porque la palabra *"consciente"* implica ir un poco más allá de lo habitual, y trascender la vieja era. Significa trabajar desde el Ser para Hacer y, por último, Tener. Si antes no trabajo en mi Ser —la base que sustenta todo logro futuro—, nada genuino y real será posible. Es similar a lo que sucede con las raíces de un árbol: superan en tamaño y sostienen todo lo que se ve en la superficie.

El miedo y la codicia conducen a la toma de decisiones que nunca terminan bien. Quizá crees que una inversión fue buena porque te generó cierto dinero para un momento, pero ¿Analizaste si alguien fue perjudicado por ello? No forma parte de la filosofía de vida consciente que ganes dinero a costa de que otro Ser resulte perjudicado.

Muchas personas dedican gran parte de su tiempo y energía a mover su dinero constantemente entre distintos instrumentos financieros, para tomar una ganancia extraordinaria. Un mes eligen un instrumento; al mes siguiente, otro. Sus valores y su vida son comandados por el miedo a la pérdida de dinero. Es más productivo y consciente dedicar toda esa energía, y tiempo, a crear un

---

31 Libro "Dinero Feliz", de Raimon Samsó, Ediciones Obelisco, 2013, Edición digital Amazon Kindle.

buen negocio que agregue valor a la humanidad. Eso, seguramente, te dará mayores ganancias y, lo más importante, será real y estará en sintonía con una mentalidad de abundancia.

Respecto a los más jóvenes, pueden lograr libertad financiera antes de los 30 años, si realizan acciones conscientes con sus finanzas desde una temprana edad laboral. Más aún, si se ocupan de crear un negocio, ahorrar e invertir. La capacidad de ahorro en ese período es muy alta, y eso facilita todo lo que vendrá —especialmente cuando decidan formar una familia y tener hijos—. Algo que todo joven no debería hacer antes de esa edad es contraer una hipoteca para comprar una vivienda. Puede alquilar durante los primeros años con amigos, y así compartir los gastos. Alquilar le dará libertad para mudarse sin ataduras a una propiedad.

Veamos ciertos rasgos de las personas que alcanzan libertad financiera consciente:

- Se educan financieramente.
- Invierten desde una edad temprana y durante años. Incentivan a sus hijos para que también lo hagan.
- Moderan sus gastos. Saben postergar la gratificación inmediata en pos del objetivo: lograr libertad financiera.
- Utilizan la creatividad para evitar las deudas malas[32].
- Respetan sus presupuestos.
- Solo consideran el largo plazo como opción de inversión.
- Ahorran en activos que generen flujo de efectivo.
- Solo compran acciones de empresas en la que creen y tiene buenos fundamentos —balance equilibrado, es sustentable, con buena proyección y plan futuro, entre otras cualidades—. Saben que, a largo plazo, será un buen motor para el ahorro y la capitalización.

Todo plan debe ir acompañado de tareas para generar conciencia de abundancia en ti. Algunas otras consideraciones valiosas para el proceso son:

- Medita sobre la aceptación de la abundancia en tu vida, y realiza afirmaciones diarias.

---

[32] Deuda mala es la deuda que pagas con el dinero de tu salario o ingreso por tu trabajo. Distinto a una deuda buena que la paga otro por ti.

- Contrata algún servicio de *feng shui*[33] para tu hogar y para el ámbito donde trabajes. Con ese gran instrumento equilibras las energías y ayudas a atraer la abundancia.
- El no ahorro significa que no te valoras, no te quieres, y tienes baja autoestima. Quiérete y ahorra. Luego invierte, disfruta y ayuda a otros.
- Busca un mentor o, en su defecto, contrata los servicios de un coach financiero que haya realizado lo que buscas.

Invertir significa respetarte y quererte. No solo a ti, sino también a tu familia. Cada mes separa, al menos, un 10% de tus ingresos para invertir. Recuerda que todo lo que haces está relacionado a un legado que has definido y te trasciende. Por tal motivo, tu plan financiero y tu cartera de inversión tiene que estar en sintonía con el legado.

En todo lo que hagamos, tenemos que considerar el equilibrio, tender siempre a eso. No sirve generar múltiples fuentes de ingresos y poseer riqueza monetaria si no eres feliz en los otros aspectos de la vida. Disponer de dinero consciente en grandes cantidades —que se gana aplicando los principios de una vida con conciencia— es la consecuencia de desarrollar antes una mentalidad de abundancia en todos los aspectos de tu vida. Simplemente, ocúpate de dar y de generar valor en todos ellos. Eso moviliza energías de alta vibración, y los principios universales de la abundancia lo perciben y actúan al instante. Dichas energías te permiten crear y materializar tus pensamientos, especialmente cuando estás en paz y armonía contigo mismo, cuando estás en espíritu, uno con Dios.

En el siguiente enlace tienes disponible material gratuito para que puedas armar tu propio *"Plan financiero consciente"*. www.SilvioSantone.com/libros/ (Área de descargas para lectores).

Si quieres aprender más, dejo a tu disposición el curso llamado *"Dinero, Finanzas Personales e Inversiones Conscientes"* el cual brindo en modo presencial y en modo online. Allí ofrezco una nueva mirada a las finanzas e inversiones aplicando el factor conciencia. Un método para dejar un legado que te trascienda y que puedas lograr independencia financiera y autorrealización. Para más información ingresa a: www.SilvioSantone.com/cursos/

---

[33] https://www.silviosantone.com/fengshui/

El Universo puede manifestarse de muchas formas perfectas para que cumplas con tu misión profesional. Cuando sientes que no aparecen las oportunidades de trabajo que esperas, por la cual te has formado, y se presentan otras que no son las que buscas puede que necesites de ese paso intermedio para formarte en algo especifico que potenciará tu misión profesional.

Entiendo que resulta difícil comprenderlas, pero son posibilidades que con el paso del tiempo agradecerás. Podría contarte decenas de historias personales al respecto.

También sucede que el miedo puede paralizarte y hacer que tomes trabajos que no te satisfacen pero que te paguen bien, entonces solo lo haces por dinero. Mas allá de eso, a esa labor también le encontrarás cierta importancia que podrás aplicar en el futuro. En muchos casos la profesión actual financia los costos de la futura etapa profesional.

No busques reconocimiento, busca disfrutar de tu proceso de sanación y crecimiento, disfruta brindarte con alma y corazón a las relaciones y a los proyectos profesionales que desarrolles. Si en algún momento llegase un reconocimiento externo en forma de premio, considéralo un regalo del Universo —el Tener—. Su significado es que el mensaje que se transmite a través de ti necesita impactar en más vidas, y tu solo eres el instrumento a través del cual se manifiesta.

Un mensaje que nos trasciende es aquel que brinde opciones diferentes a otros seres, porque detrás de todo premio hay una historia de vida —individual o grupal— de la cual se puede aprender. Por esta razón, remarco que el verdadero logro nos trasciende. Cada acto que realizamos tiene un impacto infinito que no podemos predecir al inicio de la primera acción.

Muchos éxitos y bendiciones en todo aquello que emprendas.

Tres aprendizajes que me ha ofrecido el capítulo:

28) ....
....
29) ....
....
30) ....
....

Otras notas destacadas del capítulo:

....
....
....
....
....
....
....
....
....
....
....
....
....
....
....
....
....
....
....
....
....
....
....

Parte V: LA GRAN MISIÓN DEL SER

Capítulo 11: **El fin último, ... el gran toroide del propósito**

"La Creación no funciona por fuerzas ciegas. Opera de acuerdo con un plan inteligente... Es evidente que existe ley y orden en el universo... Así por la ley divina de acción o karma, causa y efecto, todo aquello que haces se registra en tu alma. Por tanto, de acuerdo con la medida de tu trabajo, cualquier cosa que realices por medio del poder de la voluntad y la creatividad será tu pasaporte después de la muerte a las regiones celestiales ganadas por las almas obedientes. Y cuando reencarnes en este mundo, nacerás con esos poderes mentales desarrollados por tus esfuerzos previos".

Paramahansa Yogananda

El efecto trascendental de la causa inicial

En la primera sección del libro nos centramos en la trinidad sagrada que hace al propósito de vida y vimos cómo enfocarlo a partir de la Ley Universal de Causa y Efecto para así lograr la gran misión del alma en este plano.

También mencioné que hay un gran efecto resultado —en la siguiente imagen lo veras en la punta del triángulo con un signo de pregunta— para tomar total dimensión del alcance del propósito de vida y su trascendencia.

Como veras en la imagen, de esta manera está conformada la trinidad del propósito de vida, y la pirámide se construye de abajo hacia arriba. Se empieza por los cimientos que darán soporte a todo lo que se construya después.

En esta trinidad aplica una primera instancia de la Ley Universal de Causa y Efecto. La segunda instancia toma a toda esta trinidad como la causa que dará como resultado un efecto sutil pero mucho mayor que nos trasciende como seres individuales. Es un efecto difícil de asimilar desde el inicio porque no tenemos dimensión total de su impacto en el Universo. Pero es un efecto que atraviesa todos los planos dimensionales. Ello es: discernimiento, sabiduría, autorrealización, trascendencia, abundancia y libertad. Este el verdadero éxito de nuestras vidas. Es el máximo Tener al que podemos aspirar como seres conscientes en este plano. Es la verdadera felicidad con plenitud. Es el gran aporte que brindas a la gran mente creadora, que consciente de sí misma, inició un proceso de autoindagación, expansión y evolución.

Todo lo que hagamos nutre al gran propósito toroidal del Universo. En cada encarnación hay un propósito de vida especifico que suma al gran propósito del espíritu. El alma encarna N veces sumando propósitos de vidas —experiencias a través de N encarnaciones— hasta completar el gran propósito espiritual.

Este propósito final corresponde al espíritu que es quien dirige la obra. La suma de todos los propósitos almáticos nutren a Dios en su proceso de autoindagación y experimentación —su juego—.

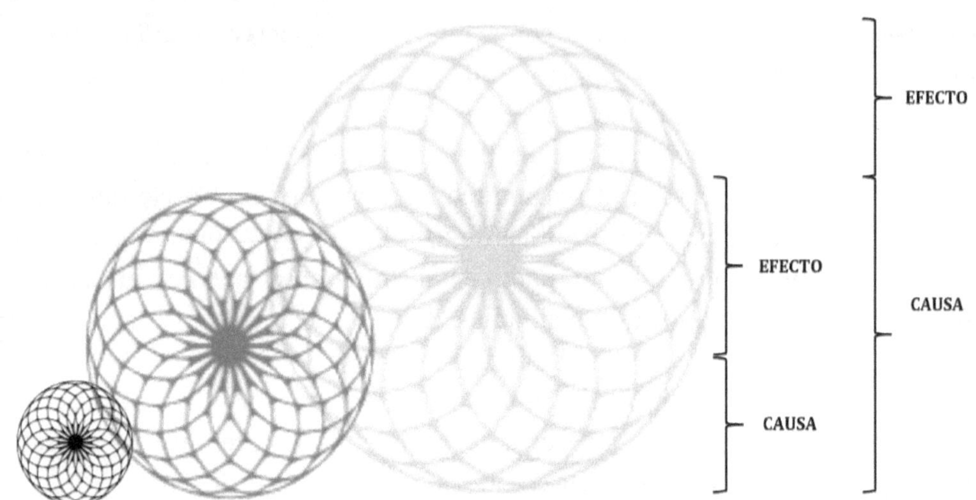

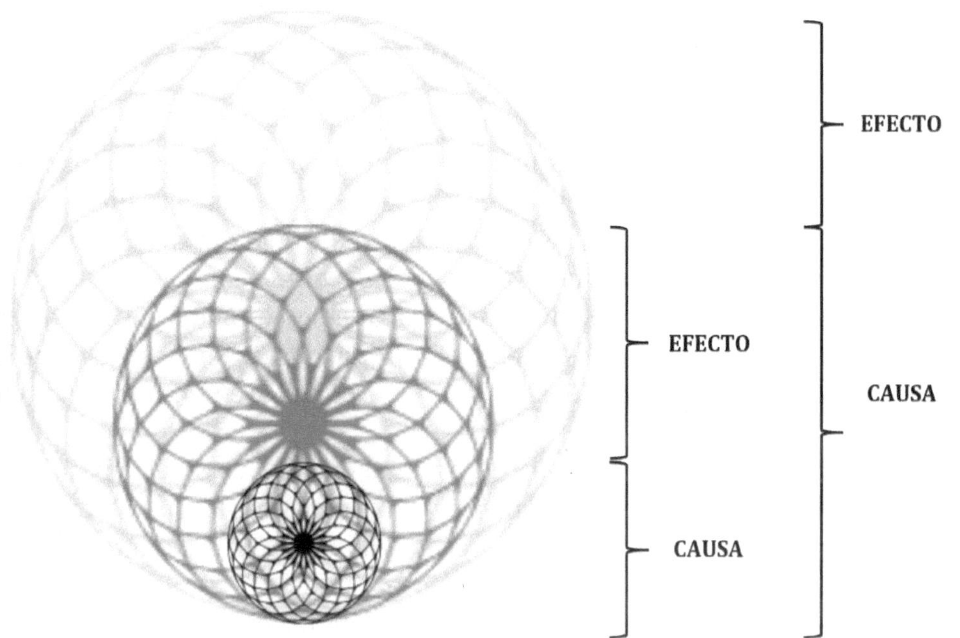

Tenemos que considerar nuestro propósito de vida como una porción fundamental del gran propósito. Cada vida nutre a ese gran toroide universal hasta que el Ser ha vivenciado todo lo que el espíritu se ha propuesto para cada alma. El último paso del alma es lograr la liberación de este plano y colaborar a la evolución conciencial desde otros planos.

Para cubrir la totalidad antes hay que cubrir las parcialidades y hacerlo con una mirada integral y totalizadora. El bosque y los árboles en su conjunto. Atender cada árbol sin perder de vista el bosque.

Ante tantas opciones por la gran cantidad de técnicas o instrumentos disponibles en esta era de la información es muy importante saber discernir todo aquello que realmente puede ser una opción válida para nuestro camino. Como les he comentado, este es el gran juego de Dios y como en todo juego hay trampas. Saber discernirlas es propio de un Ser consciente que está sentando bases firmes para soportar tempestades y llegar a la meta del juego: la liberación de este plano y la integración con la gran conciencia creadora, Dios.

Diviértete en el juego. Desempeña con astucia y conciencia tus distintos roles y personajes. Siempre mantén una mirada elevada, consciente. No te creas ningún personaje de otro. Algunos están en ego y utilizarán instrumentos de muy baja vibración. Cada uno juega su juego lo mejor que puede. Lo que ellos hagan no está en tu ámbito de responsabilidad, pero tienes que saber que hay en ti que atraes esas personas o experiencias. Seguramente exista algo a sanar porque los espejos —otras personas— así te lo están reflejando. Entonces, observa, indaga y llega a la raíz inconsciente que lo atrae. Luego intégrala con amor y gratitud por el aprendizaje. Es la única manera para trascender tales experiencias.

A mayor conciencia lo detectarás más rápidamente. En ese caso ríete, di gracias y sigue tu camino hacia tu meta. Mantén una mirada de largo plazo en búsqueda de la trascendencia y la autorrealización. Esa es la verdadera meta. No te quedes enredado con las distracciones de los otros jugadores, o personajes, del juego. Esa es la ilusión y esta te desvía de la meta.

Encontrarás a muchas personas que trabajan en el primer árbol que se les presenta sin ver el bosque —no tienen una mirada totalizadora e integral de la vida—, y están superados por la situación y el contexto, en gran parte de su tiempo.

Ve siempre el bosque y después elige el mejor árbol a trabajar para este momento de tu vida. Para abarcar el bosque se requiere un plan, una estrategia, una mirada integral y el uso de determinadas técnicas en determinado momento. También se requiere flexibilidad para adaptarse a los momentos dinámicos y cambiantes que vive la humanidad. En esos casos cambia la técnica, nunca la meta.

Llega un momento en que la meta funciona como un sistema. Un engranaje perfecto y nuestro proceso conciencial se acelera. En realidad, el sistema somos nosotros y la meta fluye a través nuestro cuando la internalizamos y la adoptamos desde la más sana convicción, fe y amor. Esto permite que las técnicas adecuadas lleguen en el momento adecuado. Ya dejamos de buscar. Funcionamos como un imán que atrae, pero con una meta clara y el Universo acompaña e interviene potenciándonos.

El tener una meta de largo plazo con una mirada elevada predispone el campo áurico para recibir la información y las experiencias adecuadas para acelerar nuestro proceso conciencial. Ello también implica hacerse preguntas poderosas como: ¿Qué habilidades puedo desarrollar? O ¿Qué aprendizaje potenciara mi proceso? Estas preguntas están relacionadas al proceso de sanación y crecimiento que transitamos —Ser y Hacer—, el cual nos brindará resultados que no podemos predecir —Tener—. Esto se asemeja más a un sistema toroidal que funciona sincronizadamente con el gran sistema toroidal que es el Universo.

Muy distinto es preguntarse ¿Qué resultado lograre o puedo conseguir para tal o cual fecha? Aquí el foco está en un objetivo de corto plazo con un alcance especifico y limitado —propio de una mentalidad que actúa desde el miedo—. Cuando así sucede estamos pendientes de un resultado binario entre un pseudo éxito o un pseudo fracaso. Recalco lo de pseudo porque ambos son ilusorios, además de no considerar el aprendizaje que radica en el proceso. Es así que ambos te llevarán inevitablemente al sufrimiento por distintos caminos. De esta forma no hay apertura a la cantidad de potenciales futuros que se puedan crear con una acción enfocada netamente en el proceso.

En un reportaje a Nelson Mandela el reportero le preguntó: *"Señor, ¿cómo sobrevivió a todos esos años en prisión? ... No sobreviví, me preparé"*. Esto demuestra la importancia de la mirada de largo plazo en todo lo que hacemos, más allá de que el Tener no sea siempre inmediato.

Sabiendo que todo es perfecto y que dentro de esa perfección existen muchas opciones —con distintos niveles energéticos y frecuenciales—, tienes el poder de elegir aquellas que aceleren tu proceso conciencial. No existe mejor o peor, todas son válidas en el juego, solo que algunas te mantendrán ocupado en la ilusión y otras te permitirán trascenderla. Tu siempre eliges. Tienes libre albedrio, con observación, dentro de tu mapa de creencias y programas inconscientes.

Igualmente, siento y creo, que no existen perdedores. Siempre hay ganadores que transitan su camino de la mejor manera que pueden. Todos los planes —inclusive no tenerlo— son válidos. Todo dependerá de lo que cada uno de nosotros sienta que es lo mejor para su vida. Ahora, la queja, el culpar a otros y la victimización no son una opción. El ámbito de responsabilidad implica hacerse cargo de las propias elecciones, y el no tener un plan es una elección personal que traerá resultados.

Ahora, quienes han sintonizado con su meta divina no tienen plan B. Solo existe un plan A y es alcanzar la gran meta: la autorrealización. Asumiendo con convicción todas las responsabilidades que ello implica.

La clave no es perseverar, la clave es creer. No se puede perseverar en lo que no se cree. De igual manera la motivación, la actitud y la disciplina. Y a su vez la creencia no puede ser sobre algo superficial, sino que debe ser sobre algo que nos trascienda: el propósito de vida que se manifiesta a través nuestro.

Detrás de la perseverancia, de la disciplina hay una fuerte creencia en algo que supera la versión del yo actual. Aunque no hayas dado todavía con tu propósito de vida, tu creencia en quien te quieres convertir justifica la acción inicial. De otra manera no podrás llegar a dar con esa gran misión trascendental. Es la voz interior que te guía hasta que luego eres guiado por el Universo sincronizadamente a través de cada misión particular.

No se puede escapar al destino de abundancia que cada uno tiene por delante. En todo caso lo puedes retrasar al postergar ciertas decisiones trascendentales. ¿Cómo contribuyes con tu felicidad a la felicidad mundial? ¿Cómo lo haces a través de tu propósito?

Capítulo 12: **El propósito te necesita al 100%**

"Ellos nos dijeron que no llegaríamos aquí. Y hubo gente que dijo que llegaríamos aquí solamente sobre sus cadáveres, pero todo el mundo sabe que estamos aquí y que estamos parados frente a las fuerzas de poder del estado de Alabama diciendo, 'No vamos a dejar que nadie nos haga desistir'.
Vengo a decirles esta tarde, aunque sea difícil el momento, aunque sea frustrante la hora, no será por mucho, porque 'la verdad que se destrozó contra la tierra volverá a surgir.' ¿Por cuánto tiempo? No por mucho porque 'ninguna mentira vive para siempre.' ¿...por cuánto tiempo? No por mucho, porque el arco del universo moral es largo, pero se inclina hacia la justicia".[34]

Martin Luther King Jr. en su discurso después de Selma.

---

[34] https://cnnespanol.cnn.com/2020/01/20/los-mejores-discursos-de-martin-luther-king-que-nunca-escuchaste/

Pasar a la acción, ... acción consciente.

Cualquiera sea la tarea que vamos a realizar para nuestro propósito, necesitamos disciplina, convicción y amor. Sin esas cualidades no vamos a alcanzar el éxito en el ámbito que anhelamos. También necesitamos aplicar esas tres cualidades en la vida diaria para ser un buen padre, esposo, empleado, emprendedor, líder, ciudadano, deportista, también en la salud, en las relaciones sociales, en las finanzas, en todo.

La disciplina viene de ser un discípulo del propósito de vida. La convicción se relaciona con los valores y principios, también con la voluntad y la perseverancia. El amor es el que abre puertas y da el toque mágico a todo lo anterior —en unión con la conciencia más profunda de nuestro Ser—.

Ahora, para lograr perfección con el propósito se requiere de un elemento clave. Tienes que estar en estado de unidad y equilibrio con todo tu Ser: espíritu, mente, emociones y cuerpo.

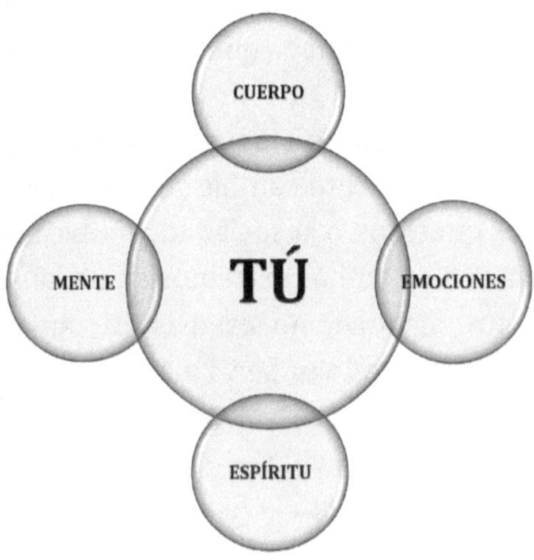

Tu Ser se compone de estos cuatro elementos. En la base tienes al espíritu —es lo eterno, lo permanente e imperecedero—. Es lo que sustenta a todo lo demás. El cuerpo, la mente y las emociones son algunos de los instrumentos que dispones para transitar tu camino en este plano. Cuando estas en unidad con todo tu Ser —eres íntegro— fluyes hacia la perfección en todo lo que haces. Ello te permitirá alcanzar éxito y autorrealización.

Y entonces ¿Qué es el éxito? Es ser feliz con el propósito, y con el proceso de transformación interno que debes atravesar, para evolucionar en estados conciénciales. El aprendizaje obtenido durante el proceso perdura eternamente en el Ser.

Éxito también significa dar lo mejor de sí en cada momento, sin importar el resultado. Si algo no sale como esperas, siempre hay oportunidad para observar, reaprender y mejorar. Así lo expresaba Jim Rohn, quién fuera un gran orador y motivador estadounidense: *"Tu nivel de éxito pocas veces superará tu nivel de desarrollo personal, porque el éxito es algo que atraes gracias a la persona en la que te conviertes. Debes tomar responsabilidad personal. No puedes cambiar las circunstancias, las estaciones o el viento, pero puedes cambiarte a ti mismo. Es algo de lo que te tienes que hacer cargo. Aprende a ser feliz con lo que tienes mientras persigues lo que quieres"*. De alguna manera, lo que nos dice Jim Rohn es que consigues lo que eres —en lo que te has convertido— y no lo que quieres. Por eso creo que el éxito es un proceso de reinvención continuo hacia tu propósito. En ese sentido, cada logro o avance, en dirección a tu propósito, merece ser celebrado porque ello alimenta tu compromiso hacia él y, además, atrae más logros futuros.

Celebrar los logros no significa apegarse a ellos. Los logros son temporales. Son un regalo del Universo al proceso de transformación personal que has emprendido con valentía para una etapa que acaba de culminar. No apegarse implica mantenerse abierto a lo nuevo que vendrá, y aceptar la vida como un proceso de mejora continua.

No tener claro el propósito, junto a los valores y principios que lo sustentan, puede provocar que la palabra éxito cambie su significado. Hay situaciones de la vida en que los seres queridos, o la sociedad, te ubican en una posición muy alta o en una muy baja —o en ambos extremos en un lapso corto de tiempo—. Pero ¿Qué sucedió? En realidad, no estabas ni tan arriba, ni tan abajo. Simplemente eras tú expandiendo tu Ser. La etiqueta que te den forma parte del ámbito que está fuera de tu control y no debería interesarte —en caso contrario el ego es quien rige tu vida—. Así lo expresa el Bhagavad Gita[35]: *"Pelea por pelear, sin tomar en cuenta la felicidad ni la aflicción, la pérdida ni la ganancia, la victoria ni la derrota, y, por actuar así, nunca incurrirás en pecado"*.

Ante estas situaciones, tu principal desafío es mantener el equilibrio. No darle lugar al ego para que se enorgullezca cuando te ponen bien arriba, y tampoco que se enoje cuando sucede lo contrario. No eres ninguno de ambos extremos. Eres y debes ser equilibrio, expresado en humildad, amor y gratitud.

Y si te preguntas ¿Cómo persevero en equilibrio? Ello se logra con determinación y convicción hacia el propósito, los valores y los principios definidos para la vida —aunque los seres de tu entorno no los comprendan—.

---

[35] Bhagavad Gita, Capítulo 2, verso 38.

Los procesos de transformación personal suelen ser duros para el entorno, más aún si estos no han iniciado un proceso similar. Algunos seguirán otro camino y eso también forma parte del proceso. No existen culpables, simplemente es así. Algunos distanciamientos son inevitables y dejan un sabor amargo. Especialmente cuando estás muy cerca de alcanzar los primeros resultados del viaje que has decidido emprender con total convicción, y dicho entorno no logra comprender.

Pero el Ser consciente debe seguir su camino como un guerrero de la luz. Su misión lo trasciende y lo inspira. Comprende que cumplir el desafío implica ir unos pasos más allá. Y sabe que allí le espera un Tener lleno de bondades y prosperidad que justifican toda su labor. Algunos seres queridos que optaron por las críticas se acercarán nuevamente —los logros del Ser consciente dan seguridad a los inseguros—. Pero el Ser consciente aplica lo aprendido en párrafos anteriores. Sabe que no está ni tan arriba, y también sabe que nunca estuvo tan abajo. Simplemente estaba expandiendo su Ser y cumpliendo con su propósito. Entonces, los recibe con total humildad y amor, mientras continua su sendero.

En definitiva, no hay que rendir cuentas a nadie. Al final de cada día, y al final de la vida, la evaluación es entre Dios y tú. Como decía Carlos Castañeda, quien fuera antropólogo, gran escritor y un chamán nagual tolteca: *"Los senderos son solo senderos, y no ofendes a nadie ni tampoco te ofendes a ti mismo si tu corazón te dice que no vayas por ahí"*.

En los seminarios y sesiones como terapeuta algunos asistentes me dicen angustiados: *"Ha pasado el tiempo y todavía no he conectado con mi propósito"*. Siempre les respondo: *"Sigue intentando, no dejes de hacerlo. Pronto darás con él. Mientras tanto tienes que ser un generalista. Tienes que probarlo todo. Un curso de tal tema, un libro de otro tema. Inicias una carrera y si luego no te interesa, entonces lo dejas y empiezas otra. Pronto darás con aquello que llame tu atención y te quite el sueño. Recién allí haces foco y te especializas"*. Como decía Mark Twain: *"El secreto para avanzar es comenzar"*.

Empieza por un libro. Ante cualquier situación que se encuentre fuera de tu nivel actual de conocimiento —nuevo aprendizaje, necesidad o tema a resolver—, la respuesta inicial la puedes encontrar en un libro. Todo nuevo conocimiento inicia, seguramente, con un libro. Como mencioné en la sección de agradecimientos: *"Gracias a todos los libros de mi biblioteca, los cuales son mi mayor bien material y mejor inversión"*. ¡Amo los libros!

Recuerdo que en un seminario de ventas dijeron: un buen *"si"* esta después de varios *"no"*. Estadísticamente, de cada diez posibles compradores, siete te dirán *"no"*, tres te dirán *"tal vez"* y, de estos últimos, solo uno te dirá *"si"*.

Entonces, prueba toda opción que llegue a tu mente hasta que encuentres tu propósito. Al final del camino, no solo habrás conectado con tu propósito, habrás sumado muchísima experiencia en herramientas y conocimientos que lograrán complementarlo. También habrás aprendido a reconocer aquello que no te gusta.

Tambien recomiendo que empieces por sanar todo el dolor acumulado. No podrá haber claridad en la vida sin antes sanar las heridas inconscientes. Todo aquello que anhelas está a un nivel energético más alto y para lograrlo necesitas trabajar primero en ti liberando las mochilas del dolor.

Nunca estamos a la deriva. Siempre estamos acompañados por nuestro Yo Superior, Guías, Maestros Ascendidos y Ángeles, que orquestan todo para que demos con nuestro propósito. Ellos nos guían todo el tiempo. Nuestra principal tarea es tener actitud, perseverancia, y mantener la antena libre de interferencias para comprender las señales y oportunidades que nos llegan de muchas formas diferentes.

El Ser consciente sabe fluir o vivir la vida a través de las experiencias que se le presentan. Sabe que mientras su conciencia se expande entonces esas experiencias están cada vez más alineadas con su propósito. Es allí cuando utiliza sus dones y talentos para expresarse de la mejor forma en beneficio de la humanidad, y ello lo acerca al logro de la felicidad plena y la autorrealización.

El logro de la felicidad requiere acción en este plano. ¿Qué significa accionar en este plano? Realizar un acto sagrado: Creer, observarse, contemplar, identificar sensaciones, integrar experiencias, tomar decisiones, perseverar en lo que se cree y ser disciplinado —un discípulo de su propósito de vida—.

Si aún no sabes cómo dar con el primer vislumbre del propósito de vida entonces céntrate en todo aquello que sientes disconformidad o sientes molestia. Detrás se encuentra la voz interior reclamando un cambio. Cuando el llamado supera determinado umbral es inevitable su desenlace.

Es importante entender la energía distorsionada que debes reparar: relaciones, salud, proyectos laborales, estados financieros, entre tantos otros.

Tiene enormes beneficios energéticos aprender a redireccionar la energía hacia lo que es realmente importante para ti, y eso seguramente estará en sintonía con tu propósito de vida. Es decir, todo lo que hagas que no está en alineado a ello, es energía perdida.

Ante ideas o sensaciones acerca del propósito de vida es importante escribirlas creando estructuras mentales y asociando información para poder unir las partes como un rompecabezas. Al unir algunas de las partes el camino se simplifica y empieza a tomar forma. Cada parte empieza a develarse. Empieza por pequeños hábitos o sucesos que generen malestar. No se te requieren grandes acciones iniciales sino pequeñas acciones formadoras de nuevos hábitos.

No es lo mismo equivocarse después de intentar que equivocarse por no intentar. En el primer caso hay un aprendizaje de alto nivel. En el segundo caso no hay aprendizaje porque solo hubo una potencial intención que generó sensación de no ser suficiente y así potencias los miedos inconscientes.

La magia de empezar abre puertas. Toma acción con tu primer atisbo de intuición. Da el primer paso y la magia del Universo empezará a develarte los siguientes. Siempre con total fe y confianza. Luego hazte preguntas como ¿Con qué sigo? ¿Cuál es el siguiente paso? ¿Cuáles son las tareas que necesito implementar para llegar al objetivo? ¿Cuáles de ellas puedo implementar inmediatamente? ¿Cuáles en las próximas semanas? ¿En cuáles de ellas necesito la colaboración de un experto?

No hay mayor manipulación que una pregunta. Porque una pregunta puede abrir el mapa de opciones que generen la creatividad y desde allí a la acción. Para ello son muy importante las preguntas poderosas, tanto para nuestra vida como cuando brindamos servicio a otros.

Cuando la pregunta esté más cerca del sentimiento, del Ser interior, será más profundo su impacto, y la transformación que genere. La comunicación mediante preguntas no es neutra, es totalmente directiva hacia donde se quiere llevar al consultante. Si le pregunto ¿Dónde has nacido? ¿Hasta qué edad has vivido allí? ya lo estas llevando hacia un instante en su vida y la persona se trasladó automáticamente a ese momento. De igual manera funcionan las auto preguntas.

Recuerda que no podrás saber todo el camino, pero si se te develarán los próximos pasos. A la intuición le sigue la decisión, la acción y las sincronicidades en forma de *"casualidades"*. Confía en tu intuición porque es tu inconsciente —acompañado de la voz del alma— atrayendo aquello necesitas en ese momento de tu vida. Con el tiempo lo entenderás bien y podrás ver como las piezas se unen en un orden perfecto. Así se construye el camino hacia el propósito de vida.

Suelen enseñarnos que tenemos que prepararnos o capacitarnos para accionar, pero aquí sucede de otra manera: actúas al mismo tiempo que te formas y te conoces. Es un gran máster de autoconocimiento consciente en vivo y en directo. Aprendizaje y acción hacen al verdadero conocimiento. Para aprender tienes que pasar a la acción. Así es como el conocimiento se internaliza, se asume como propio. Si tomas acción ya estas generando aprendizaje en forma instantánea y paralela. ¿Por qué es así? Porque la acción activa el poder de las sincronicidades que se manifestarán de múltiples formas.

Allí solo te corresponde estar abierto a las señales y seguirlas sin saber en forma anticipada lo que te deparara el destino.

No esperes que una variable externa cambie o que alguien te de su bendición para empezar. Eso solo habla de tus inseguridades, que no crees en ti y en tu esencia —no te quieres lo suficiente—. Empieza a quererte un poco más y sabrás que vas bien porque vivirás en un estado de bienestar y de paz. Activamente calmado y calmadamente activo.

Salud, energía, productividad y eficiencia.

Para protagonizar la obra que vinimos a realizar necesitamos este envase llamado cuerpo, tal cual es, con sus virtudes y con sus falencias —en caso de creer que estás últimas existen—. Él nos ayudará a cumplir nuestra misión de vida. Él es perfecto. Es inteligencia cósmica. No se desvía del gran plan divino que hay para cada uno de nosotros.

El alma define la mejor forma para manifestarse en este plano —elige pelo, ojos, boca, altura, peso, clan familiar, todo—, porque ella sabe cuál es la mejor forma en que puede desarrollar su propósito. Esto nos permite tomar conciencia de la importancia que tiene el cuerpo para cuidarlo, y apreciarlo como se merece.

Muchas veces un vacío interno nos lleva a modificarlo y adaptarlo a algo que no somos. Todo parte de una inseguridad muy profunda relacionada a alguna creencia inconsciente existente. Creemos que tenemos carencias, entonces buscamos seguridad en cosas externas que nos complementen.

La salud espiritual, emocional y mental influyen en nuestro cuerpo. Todo está relacionado. Somos seres integrales. Entonces, ya no alcanza con saber cuál medicamento farmacológico tienes que tomar para calmar cierto dolor o malestar físico. Al cuerpo debemos cuidarlo con sueño, respiración, alimentación y ejercitación. Ante una enfermedad, iniciar la consulta al médico para apaciguar los síntomas, pero inmediatamente buscar la causa raíz en el área emocional —inconsciente— y espiritual —memoria akáshica—.

Nuestro cuerpo nos brinda mucho aprendizaje para transitar el camino y sanarnos. Cada órgano tiene una impronta y una identidad inigualable que nos habla a través de síntomas o dolencias, y nos marca todo aquello que venimos a reparar y trascender.

El cuerpo es muy sabio y merece ser escuchado, pero difícilmente pueda ser interpretado sin un previo avance conciencial. De hecho, en muchas ocasiones el cuerpo avisa con una enfermedad muy grave, en algunos casos terminal, y este sigue sin ser comprendido. Esto nos lleva a pensar que todo mensaje corporal puede ser interpretado más rápidamente si antes trabajas en tu desarrollo espiritual, en la expansión de tu Ser.

Además, a mayor trabajo interior, los mensajes corporales, la intuición, la percepción mejoran porque vamos trascendiendo las barreras que no permiten que florezcan estos dones perceptivos que todos tenemos. El cuerpo avisa, pero solo el que ha despertado y avanza en un camino de autoconocimiento podrá comprender el mensaje.

Un cuerpo sano requiere dedicación. De igual manera mente y emociones en equilibrio. Y todo ello se puede lograr teniendo una sana relación con nuestro Ser interior. Una técnica integral es la clave. En el libro *"Tus Horas Milagrosas"* profundicé sobre temas que creo fundamentales para prevenir, cuidar el cuerpo, y dotarlo de gran energía y vitalidad. Todos instrumentos para acelerar el proceso de sanación en cada uno de nuestros elementos que permitirán la expansión del Ser y la concreción del propósito de vida.

Ahora bien, no puedes presionar todo el tiempo al vehículo del alma para avanzar en tu propósito. Tienes que tratarlo muy bien, sentir sus señales de esfuerzo o de malestar. Si llevas el vehículo al límite esperando que resista sin brindarle la atención y los cuidados necesarios entonces estarás forzando una gran parte de tu Ser que es fundamental para cumplir la misión de vida.

A mayor conciencia, mayor integración con tu cuerpo y sabrás detectar esas señales y así establecer los límites correctos para permanecer en equilibrio y armonía mientras desarrollas tu propósito de vida.

La vida que anhelas requiere de acciones perfectas cada día y con un alto nivel de energía y vibración. Pero ¿Es posible integrar —en un equilibrio perfecto— momentos, tareas y acciones que potencien el desarrollo de nuestro Ser? ¿Es posible hacerlo considerando un plan integral que considere espíritu, mente, emociones y cuerpo? ¿Existe alguna relación con el desarrollo del propósito de vida? ¿Cómo podemos optimizar nuestro tiempo y nuestra productividad diaria para concretarlo? ¿Es necesario aplicar alguna técnica o método para lograrlo? ¿Cuáles son los momentos, y los hábitos, más importantes que debemos considerar? ¿Cómo diseñar un plan de super hábitos que potencien la concreción del propósito de vida disfrutando del proceso? ¿Qué técnicas de alto poder energético es necesario emplear?

¿Por qué es necesario considerar esto? Porque, como hemos visto, el ser humano es un instrumento para una razón más importante que lo trasciende: el propósito de vida. El ser instrumento para tal realización es la mayor bendición que tendremos en esta vida. Entonces, se nos requiere que estemos equilibrados e íntegros en espíritu, mente, emociones y cuerpo para llevarlo a cabo. El lograrlo requiere superar barreras que también forman parte de ese plan, y así lograr crecimiento conciencial mientras se desarrolla el proceso.

Ten en cuenta que tu nivel energético y de vibración actual es mucho menor al potencial que puedes alcanzar en esta vida[36]. El desafío es transformar todo aquello que interfiere para que lo puedas alcanzar.

---

[36] En las sesiones integrales de BioNeuroCoaching® analizamos el estado vibracional actual del consultante y el potencial estado que puede alcanzar en esta vida, y sobre ello se diseña un Mapa de Vida Consciente para

Un rasgo muy común en los grandes agentes de cambios de la humanidad es que pudieron integrar sus polaridades para avanzar en su camino. Ahora también se destacaron por sistematizar ciertos hábitos cotidianos como algunos de los que resumiré en esta sección[37].

¿Qué ventajas tiene sistematizar? Optimizar en forma extraordinaria los recursos que tenemos a disposición en este plano: tiempo y energía. Por este motivo, cuando logres sistematizar un 80% de tu actividad diaria tus resultados se tornarán exponenciales. Por supuesto, tienes que disfrutar del sistema que crees, y debes considerar todos los ámbitos de tu vida, especialmente la vida familiar y social.

También hay que dejar lugar para vivir experiencias que nos saquen de la rutina, así que deja librado al azar el 20% restante y permanece abierto a sorprenderte porque pueden aparecer situaciones sorpresivas e imprevistas —saber transitarlas es parte del desafío—, y en esos casos tienes que tomar decisiones rápidas y trascendentales que no afecten al 80% importante.

He aprendido que nuestra esencia nos hace seres integradores. Hemos venido a integrar experiencias de esta y otras vidas —todo lo hacemos por libre elección—. Entonces toda acción sirve para avanzar e integrar aprendizajes. Como dijo el maestro hindú Paramahamsa Hariharananda: *"La vida se vuelve disfrutable y apacible con el correcto entendimiento de nosotros mismos y el mundo exterior"*.

Las acciones, por pequeñas que sean, nos definen. Cuando actuamos desde la conciencia, no se trata de lo que es, sino de todo lo que puede llegar a ser, y no tenemos manera de dimensionar en el ahora. Esas metas que parecen tan lejanas requieren de estos pequeños actos diarios, que suman a ese propósito que será concretado en el futuro. Pueden parecer hechos con poca importancia, pero tienen grandes efectos, y transforman la conciencia colectiva de la humanidad.

¿Y por qué crees que hacemos todo esto? Para sumar a esa conciencia colectiva a través de la concreción de nuestra misión de vida. Obteniendo mayor energía y vitalidad logramos equilibrio y ecuanimidad antes los polos opuestos y minimizamos los riesgos o los malos momentos.

Soy un convencido que en este plano de dualidades aprendemos a través del amor y del dolor. Pero podemos transformar el potencial dolor que estamos destinados a repetir si nuestro accionar se realiza con amor hacia nosotros y la

---

avanzar en el cumplimiento del propósito de vida. Para más información ingresa a www.SilvioSantone.com/BioNeuroCoaching/ o escríbeme a info@SilvioSantone.com

[37] En el libro "Tus Horas Milagrosas" podrás encontrar todo el detalle www.SilvioSantone.com/libros/

misión que se manifiesta a través nuestro. Desde ese amor que reflejemos en cada acción sanaremos y creceremos, y así podremos trascender este plano.

Todo plan de tareas tiene que partir, antes que nada, de conocerse a sí mismo. Este plan de tareas milagrosas que les presenté en el libro *"Tus Horas Milagrosas"* es fruto de una sana convicción de autoconocimiento. Puedes tomar todo aquello que sume a tu vida y readaptarlo, llevarlo al siguiente nivel.

Cuando hablo de convicción significa un alto nivel de certeza totalmente ligado al Ser, a lo absoluto, a la verdad. Tal nivel se logra con una conciencia al servicio de una conciencia superior que se manifiesta a través nuestro y materializa las realidades necesarias para la concreción de su propósito. Ello requiere apertura, creencia y fe.

Siempre será mejor fluir con un plan, que no tenerlo. Los que trascendieron la cuarentena obligatoria en la pandemia de los años 2020 y 2021 fueron los que fluyeron con un plan. Cualquier otra cosa fue energía disipada sin un propósito. Deja de lado las acciones masivas sin rumbo y modifícalas por acciones enfocadas para lograr resultados masivos.

Por largos años me pregunte: ¿Cómo he de lograr resultados del más alto nivel? ¿Cómo hacerlo en las áreas más importantes de mi vida? ¿Cómo establecer una rutina de gran calidad que potencie todo mi accionar en este plano? Como mencioné en el libro *"Tus Horas Milagrosas"*, la productividad para la concreción del propósito de vida está totalmente ligada a altos niveles de energía, vitalidad, y salud. Para ello, tienes que considerar el *"Principio Universal de Vibración"*. Uno de sus conceptos dice así: *"Toda vibración alta se impone sobre las vibraciones más bajas"*. El trabajo siempre es personal. Elevar la vibración es tu responsabilidad, y con ello impactas en tu entorno. ¿Quieres que la energía de tu entorno mejore? Eleva tu vibración. Este es un gran principio que te permite no querer convencer a otros de lo bien que estas, porque ellos lo notarán. Cuando no estén atravesando un buen momento —y tengan la verdadera convicción de modificar algún aspecto de sus vidas—, entonces se acordarán de ti y te preguntarán ¿Cómo haces para estar tan bien?

Simplemente hay que administrar muy bien los niveles de vibración. Lograr vivir constantemente en altos niveles de vibración es propio de un Ser en equilibrio consigo mismo, su propósito y que está avanzando en un camino hacia la conciencia. Y para ello es necesario una técnica holística e integral que te permita alcanzarlo, y así lograr un verdadero equilibrio —clave fundamental para lograr salud en este plano, y avanzar en armonía con las energías más bajas del ambiente—.

Como dijo el maestro hindú Paramahamsa Hariharananda[38]: *"Tú necesitas una técnica que te permita avanzar en tu vida espiritual, y luego necesitas practicarla regular y sinceramente".* Así que te develaré algunas de las técnicas y métodos que he trabajado y perfeccionado para mi vida —especialmente durante la última década—, mientras avanzaba en mi búsqueda personal, autodescubrimiento y desarrollo espiritual.

Creo que el verdadero conocimiento se basa en la experiencia, y no tenemos que olvidar que ésta se encuentra siempre condicionada, y/o limitada, a quien la realiza —a partir de sus creencias y programas inconscientes, sus vivencias, y su karma a trascender en esta vida—. Por eso entiendo que: no hay verdades absolutas. Estas ideas que propongo me funcionan, y por eso las comparto. Todas ellas expresan mis pensamientos y acciones, y son totalmente mejorables. Es un método que se adapta al plan, no al contrario, porque lo más importante es el plan. Y el plan se relaciona al propósito de vida, el cual nos trasciende. El plan puede mejorar a medida que crecemos en conciencia y nos encaminamos hacia el verdadero propósito de nuestra vida.

A continuación, resumiré algunos secretos de productividad que puedes aplicar en tu rutina. Estos pueden ser aplicados según momentos o estaciones del año ya que existen personas —me incluyo— que funcionan diferente según si están en verano o en invierno. No hay nada de malo en ello si nos conocemos, nos respetamos y sabemos aprovechar las bondades de cada periodo del año.

Algunos secretos, que puedes aplicar en tu rutina diaria, son:

- En la mañana, luego del trabajo en tu Ser —descanso, meditación, ejercitación, alimentación—, puedes iniciar con la tarea laboral más importante y hazlo totalmente desconectado de las noticias y los mails. Dedica las 3 primeras horas de la jornada laboral a ese gran tema que te dará el 80% de los resultados. No hay mejor nivel de concentración cuando después de trabajar en tu Ser pasas a un Hacer consciente en total plenitud y conexión con el Ser creador. Hasta ese momento el mundo exterior no existe y logras potenciar tu Hacer y mejorar la calidad de tus productos y servicios.

  Ahora, esto también depende de la personalidad de cada uno. Si eres de las personas que cuando arrancan su labor no les gustan las interrupciones también es aconsejable dedicar los primeros minutos a liberar las tareas menos importantes pero inevitables como contestar mensajes, atender algún trámite, vencimiento o asunto legal, etc. En

---

[38] Paramahamsa Hariharananda fue discípulo de Sri Yukteswar Giri y de Paramahansa Yogananda. También fue fundador de Kriya Yoga International https://www.kriya.org/

estos casos depuras tu agenda rápidamente para luego disponer de varias horas continuas de labor a un alto rendimiento. Cuantas más horas corridas asignes a una tarea importante entonces más eficiente y productivo serás.

- Toma notas en cualquier momento del día y plásmalas en forma organizada por tema en algún apuntador digital. En mi caso utilizo la aplicación llamada Google Keep en versión mobile y en versión web para PC —otra opción con más funcionalidades es Microsoft OneNote—. Mis libros nacen en esa aplicación y según llega la información la voy a anotando hasta que reúno bastante información para luego integrarla en un libro. A partir de ese momento me siento a terminar el libro y puede llevarme entre dos a tres meses con una dedicación diaria de tres horas, en promedio. De igual manera cada proyecto, producto o servicio que brindo a mis clientes.

  Estas son técnicas que empleaban grandes agentes de cambio como Abraham Lincoln, quien fuera político y el decimosexto presidente de los Estados Unidos de América, que escribía ideas sueltas para sus discursos y cuando llegaba el momento de hacerlo tomaba estas notas y las integraba según el objetivo del discurso.

- Tu lugar de trabajo puede estar decorado con imágenes o frases inspiradoras que potencien tu accionar y la concreción de tus metas. Así mismo puedes tener una pizarra de seguimiento visual de tareas y proyecto con Metodologías Ágiles, como mencioné detalladamente en el libro *"Tus Horas Milagrosas"*.

  También tienes que crear un entorno de confort, orden y espacio amplio.

- Controla las distracciones:

  - Reconoce los distractores de tu atención.
  - Silencia las notificaciones del celular.
  - Para lo importante que te llamen al teléfono.
  - WhatsApp y mails se atienden un par de veces al día y en total no más de 1 hora al día.
  - Si publicas tus productos y servicios en las redes sociales entonces no dediques más de 1 hora al día. Si se requiere más tiempo es momento de que delegues el tema a un asistente.
  - Utiliza música para la concentración y apártate de las distracciones, al menos, unas 4 horas al día.
  - Se disciplinado con las distracciones.

- En las reuniones de trabajo ve al grano y no des vueltas. De esa manera se logran reuniones más eficientes y efectivas. Las reuniones tienen que ser espacios de análisis en conjunto, definición y toma de decisiones claras, para luego accionar rápidamente. Como decía Albert Einstein: *"Si tuviera una hora para resolver un problema, dedicaría 55 minutos a analizarlo y definir la solución, luego 5 minutos a resolverlo"*. De esta manera las soluciones son más simples y agiles.

- Si tienes hijos pequeños, más aún tienes que aprovechar el poder de levantarte muy temprano para desarrollar todas las tareas que potencien tu Ser, y así tu energía vital. Entre 5 y 6 de la mañana.

- Aprovecha los tiempos muertos como los viajes al trabajo o esperar a ser atendido cuando realizas un trámite para leer, responder llamadas telefónicas, contestar mails, coordinar reuniones productivas de trabajo, planificar la semana, o revisar el plan mensual, trimestral y anual.

- Relacionado al punto anterior, si tu lugar de trabajo está alejado en más de 1 hora diaria de viaje puedes evaluar una mudanza para estar a menos de 15 minutos de este. Si bien pueden aprovecharse los tiempos del viaje para adelantar trabajo suele convertirse en agotador recorrer más de dos horas de viaje por día. Otra opción es que puedas negociar el trabajo remoto tres días a la semana y dejar solo dos para reuniones con clientes y demás temas importantes. Esto ha sido de gran ayuda para mí, lo que me permitió aumentar en forma extraordinaria mi productividad.

- Personas que son muy organizadas y alcanzan altos niveles de concentración mientras desarrollan su labor pueden alternar entre dos o tres proyectos importantes atendiéndolos de manera simultánea y pasar de uno a otro en forma frecuente, sin que por ello merme la calidad de su trabajo. Hay momentos del año o de la vida que se requiere semejante accionar y es totalmente valido hacerlo si tu personalidad sabe administrar muy bien las energías y entender los límites para no pasar al otro extremo cercano a la adicción laboral y el stress.

- Centralizar la verificación de correo electrónico en tres momentos del día y por un lapso no mayor a 20 minutos cada uno —en total una hora por día—. En el caso de las redes sociales, si eres generador de contenido, dedicar también una hora al día para responder a los seguidores y dejar programado el posteo de publicaciones para distintos momentos del día o de la semana. Esta tarea puede ser en un solo momento del día, o en no más de dos momentos.

- Se organizado guardando tus archivos, documentos y demás material de trabajo. Especialmente en formato digital y con respaldo en la nube. Para las personas que ofrecen productos y servicios recomiendo la siguiente agrupación de carpetas:

- o Productos: En mi caso, guardo todo lo relacionado a los libros y los video cursos.
- o Servicios: En mi caso guardo toda la información relacionada a los servicios de consultoría que brindo a empresas —llamado BioNeuroAssessment®—, así como sesiones a líderes y ejecutivos de empresas —BioNeuroManagement®—, como las sesiones para particulares —BioNeuroCoaching® y Decodificación Emocional®—. También los cursos online o presenciales que brindo los fines de semana —Salto Cuántico® e Instituto de Élite®—, el posteo en mi blog, el podcast y el programa de radio semanal.
- o Promoción & Marketing: Aquí guardas todo lo relacionado a posteos en redes sociales, campañas de marketing, actualización de página web, diseño gráfico, imágenes, fotos, por ejemplo. En mi caso agrego el material dedicado a conferencias y notas en medios de comunicación.
- o Otros: Todo lo concerniente a tramites contables y jurídicos mensuales, especialmente cuando dispones de una empresa. También todo lo relacionado a documentación personal importante, y material y/o cursos que adquiero para mi desarrollo personal.

Y dentro de cada una de estas agrupaciones existen subcarpetas que ordenan y organizan toda la información para encontrarla fácilmente. Un dato importante, en el escritorio de tu PC solo tendrías los accesos directos de los 3 temas más importantes de la semana, o del mes, y a los cuales dedicaras el 80% de tu tiempo y energía.

- Cuando estás muy inspirado con un tema e inicialmente te has propuesto dedicarle solo una parte del día, reagenda todos los otros temas para seguir avanzando con el tema que estas inspirado. Más allá de planificar la jornada es muy importante entender cómo se siente uno mismo en determinado momento.

Me ha pasado muchas veces de decir: *"Hoy por la mañana estaré con este tema y por la tarde con este otro"*, pero al avanzar con el primer tema me sentí muy inspirado ese día y decidí seguir gran parte del día con lo mismo. Eso me ha permitido avanzar fuertemente con el tema y acortar los tiempos.

De igual manera te aconsejo que, si sucede lo contrario, también lo sepas respetar y hay veces que es mejor dejar el tema planificado para otro día porque no estamos inspirados. Siempre y cuando no se trate de un entregable con fecha de vencimiento que puede poner en riesgo un proyecto o la relación con un cliente. En estos casos, es muy bueno ir a caminar o correr unos minutos para despejarnos, oxigenar la sangre y el cerebro y retomar desde otro lugar donde se generen nuevas posibilidades que nos inspiren un poco más.

- Si quieres estar informado, y no perder tiempo, puedes setear que llegue a tu móvil la información justa y adecuada de los expertos que te interesen. En estos casos es fundamental dejar de ver noticieros generalistas de información que no suman a tus objetivos y tienes que pasar a un modo *"on demand"* basado en especialistas de los temas que si te sirven.

  En mi caso lo hago con los temas relacionados a economía, finanzas e inversiones. Para ello me he suscripto a servicios, en su mayoría pagos, y recibo Newsletter específicos. Esa solo lectura por la mañana me mantiene informado. Algo muy ágil también es repasar las tapas de los diarios. Allí tienes un gran resumen de los principales títulos. Algunas redes sociales como Twitter también son útiles para eso.

  Siempre la clave es focalizar e integrar. Inclusive cuando te informas. No hay que dejar de informarse, hay que detectar las noticias adecuadas para estar informado en lo adecuado.

- Cuando necesitas profundizar en un nuevo tema que puede potenciar tu proyecto entonces utiliza la primera hora del día laboral para leer, investigar, capacitarte y reflexionar lo aprendido para luego armar un plan de acción concreto y llevarlo a cabo. Esta simple regla te permitirá seguir creciendo y expandiendo tu conocimiento mientras desarrollas tus proyectos. También puedes tener momentos que necesites acelerar el aprendizaje y puedes dedicar uno o dos días completos a leer uno o dos libros para luego trasladar ese aprendizaje al proyecto. Ambas son opciones validas respetando lo que sientas en ese momento.

  Cualquiera sea el caso, es muy importante que después del aprendizaje, pases inevitablemente por la etapa de reflexión necesaria para mejorar el accionar que te propones. Este es un gran habito que llevará tus productos y servicios a otro nivel. También hacer retiros dos veces al año para pensar y reflexionar son fundamentales cuando se tratan de grandes proyectos de mediano y largo plazo.

- Algo fundamental es que te concentres en una sola cosa a la vez y la hagas bien. Esto significa que dividas la labor en partes pequeñas, medibles y alcanzables en el tiempo que dispones —como lo mencionado acerca de las Metodologías Ágiles—. Alcanzado el objetivo puedes pasar a la siguiente tarea. Así aprovecharás mejor tu tiempo y serás altamente productivo.

- Practica mucho. Las cosas tardan en hacerse cuando no tenemos práctica y nos distraemos, pero a medida que nos concentramos y las vamos repitiendo se nos hacen más fáciles. Repite las actividades una y otra vez, hazte un experto en la tarea que desarrollas y podrás gestionar tu tiempo de manera eficiente.

  En mi caso personal, cuando me desempeñaba como consultor externo de sistemas y procesos en las empresas, y lo hacía en forma remota, tenía meses que producía casi el doble de la productividad habitual de cualquier consultor. Es decir, normalmente la labor mensual ronda en las 160 horas. En mi caso producía soluciones por hasta 300 horas mensuales lo cual me permitía trabajar en varios proyectos en paralelo manteniendo la calidad en los entregables. Todo fue producto de la práctica cotidiana de más de 10 años realizando mi labor y optimizando constantemente todo aquello que se podía mejorar.

  La organización fue fundamental para lograr esos resultados. Años más tarde, ello me permitió desempeñar mi labor en la mitad del día para dedicar la otra mitad a la pasión que estaba emergiendo en mi: escribir libros de desarrollo personal y espiritual, así como generar nuevos productos y servicios que aporten herramientas de valor a las personas, a los líderes y a las empresas.

- Tener un calendario bien organizado es imprescindible para mejorar tu productividad. A igual que las notas, puedes utilizar aplicaciones integradas entre tu móvil y tu PC. Una aplicación muy simple es Google Calendar. En ella puedes calendarizar tareas con recordatorios y utilizando distintos colores según importancia de los temas. Puedes setear recordatorios con hasta un mes de anticipación, así como tareas repetitivas durante un lapso acotado de tiempo.

- Mantener el lugar de trabajo y/o el escritorio limpio, organizado y cómodo también mejora la productividad. Si además aplicas Feng Shui incrementarás notablemente el contexto y potenciarás tu labor y la energía que conlleven tus productos y servicios. En las sesiones de

BioNeuroManagement® analizo el hábitat del profesional para potenciar su labor.

- Algunos tips para alimentar tu cerebro y así mejorar tu función cerebral, inteligencia y capacidad de resolución de tareas, mientras contrarrestas los efectos del envejecimiento:

  - Consumir más grasas sanas: incorporar a tu dieta alimentos grasos con omega-3 —palta, aceite de coco, aceite de oliva primer prensado en frio, frutos secos y semillas, ... pescado para quienes comen carne animal—. Según los expertos, las personas que consumían más ácidos grasos omega-3 habían aumentado el volumen de materia gris del cerebro, lo cual ayuda a mejorar el rendimiento cognitivo y el estado de ánimo minimizando los trastornos mentales.

  - Tomar Té Verde o Te Matcha: Ambos son una fuente rica de antioxidantes, nutrientes y minerales. Ambos tienen la capacidad para proteger el cuerpo contra los radicales libres y aumentar la quema de grasa y la tasa metabólica del cuerpo. Pero su mayor potencial es que mejoran la función cognitiva y ayudan a aumentar la memoria para el trabajo. El Té Matcha es mucho más potente y efectivo que el Té Verde y, en mi caso, ha sido un gran sustituto del café que he reducido.

    Puedes hacer una combinación de Yerba Mate orgánica y Té Matcha que es realmente extraordinaria. Lo que denominé Mate Matcha. A ello le puedes sumar jengibre, menta, limón, polen, cúrcuma.

  - Más alimentos que ayudarán a tu cerebro: Los expertos han comprobado que las personas que mantienen hábitos dietéticos sanos pueden mejorar su función cerebral, protegerse contra el deterioro cognitivo asociado a la edad y fomentar la concentración y la claridad. Algunos alimentos que puedes agregar a tu dieta son: brócoli, semillas de calabaza, arándanos, chocolate con alto % de cacao, verduras frescas de hojas verdes, espárragos, aceitunas y reducir considerablemente los cereales y los azúcares.

  - Ejercicio físico, columna y estiramiento: la combinación de estos tres elementos dotará a tu cerebro de la oxigenación adecuada lo que permitirá una correcta circulación sanguínea por todas las extremidades. El ejercicio junto con la transpiración y la oxigenación de la sangre ayudan al cerebro a mejorar la flexibilidad cognitiva. Además, según los expertos, las personas que hacen ejercicio tienen cerebros sanos y obtienen mejores resultados en las pruebas cognitivas que aquellas que son sedentarias.

Inclusive para quienes no gusten de demasiada ejercitación, los neurólogos han descubierto que incluso el ejercicio moderado, como caminar durante 40 minutos tres veces a la semana, puede mejorar la conectividad de los circuitos cerebrales disminuyendo el deterioro de la función cerebral debido al envejecimiento e incluso aumentar las habilidades cognitivas. Así que con mínimas actividades se puede brindar una buena salud al cerebro.

- o Música para mejorar la función cerebral y la concentración: la música clásica, así como la música instrumental en 432 Hz, ayudan a mejorar los niveles de concentración y autodisciplina. Cuando defines tu música y la escuchas repetidamente, por un tiempo prolongado, te enfocas de mejor forma en lo que estás haciendo. Entonces la música está en un segundo plano armonizando y acompañando en lugar de entorpecer tu atención. Es como una meditación activa que favorece la concentración y la percepción para conectar con otros planos donde reside la creación.

- ¿Por qué bañarse antes del descanso? Porque allí inicia el día, y que mejor que liberar la tensión muscular del día y lograr una buena calidad del sueño. Cuando te bañas con agua caliente se produce una vasodilatación en tu cuerpo y un incremento de la temperatura corporal, lo que favorece una transición rápida a la fase de somnolencia. Se incrementa el efecto cuando lo realizas en una bañera con sales minerales, o también a través del sauna húmedo y seco —la piel libera impurezas y células muertas, lo que permite que se vea más radiante—.

- Ayuno intermitente: consiste en respetar entre 14 y 16 horas diarias de ayuno liquido en el que puedes consumir únicamente agua o infusiones —té, mate, café, entre otros—. Todos sin azúcar. Por lo general es durante la mañana porque puedes complementar estas horas con las del descanso de la noche y llegar a las 14 o 16 hs. Durante las 8 hs restantes consumes alimento sólido. Por ejemplo, ayuno en el horario de 21 a 13 hs y alimento solido en el horario de 13 a 21 hs.

Los expertos promueven este tipo de ayuno porque mejora la composición corporal —facilita la quema de grasa sin contar calorías—

, favorece la autofagia —el organismo activa los mecanismos de reciclaje interno y regeneración de células—, potencia nuestra capacidad de atención, ayuda a regular los mecanismos naturales de hambre y saciedad, tiene efecto anti-aging frenando el envejecimiento de las células.

También es un método empleado para quienes tienen una Alimentación Cetogénica —keto— y se mantienen en estado metabólico de cetosis.

- Inicialmente, para organizar tu rutina semanal y diaria, puedes apalancarte en una planilla que considere:

    o   Los objetivos semanales

    o   Tareas pendientes de la semana anterior

    o   Fechas limites o críticas de la semana

    o   Un listado de tareas diarias para cumplir con los objetivos y agrupadas en tres categorías: lo importante, lo urgente y otras. Además, tendrás la posibilidad hacer el seguimiento tildando o tachando la tarea.

    o   Y, finalmente, un listado de notas a considerar o tener en cuenta para la concreción de las tareas.

Sería ideal que la puedas imprimir y tener en un lugar visible como una pizarra o escritorio de trabajo.

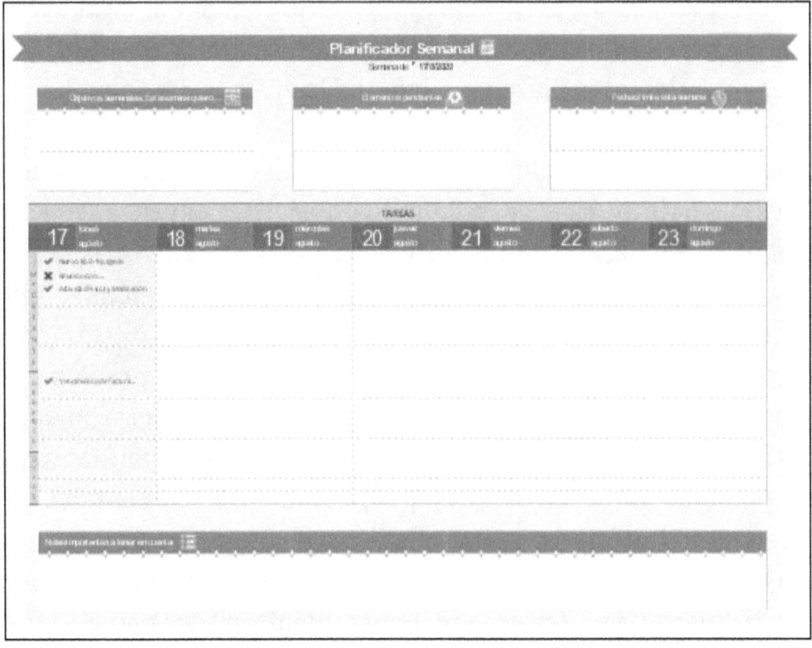

En el área de acceso libre y descargas gratis de mi tienda en www.SilvioSantone.com/tienda/ dejaré a tu disposición esta planilla en formato Excel junto a más tips de tareas milagrosas que podrás utilizar para mejorar tu productividad y tu eficiencia en forma consciente.

Cuando sabes lo que tu alma ha venido a hacer y asumes la responsabilidad en acciones concretas entonces fluyes enfocado, sabes tu norte. Nunca sabrás todo el camino, pero vas hacia una dirección concreta sabiendo que en medio aparecerán sorpresas y cuando eso suceda deberás tener la flexibilidad y la adaptación necesaria para observarte, acomodarte y seguir. Eso es fluir. Lo cual es muy distinto a estar a la deriva.

Quién no sabe su norte realmente está perdido por más buenas intenciones que tenga. Podrás ser muy bueno atendiendo a tus clientes en el día a día, pero si no tienes tu norte, entonces no tienes visión, proyección.

Para llegar a cubrir la totalidad antes hay que cubrir las parcialidades y hacerlo con una mirada integral y totalizadora. El bosque y los árboles. No alcanza con organizar un grupo de árboles sin ver el bosque, y no alcanza con ver el bosque si no organizas los árboles y actúas en consecuencia. La solución la encontraras en la asociación o integración de ambos, allí radica una clave importante del grado de éxito que lograrás en tu vida.

Los seres humanos no logramos entender que toda materialización es el final de un proceso. Está marca el fin de una etapa y el inicio de una nueva que requiere ser planificada para abordarla integralmente y alcanzar todo su potencial. Las personas, por lo general, se encuentran absortas en las preocupaciones del corto plazo y no logran alcanzar por sí solas la mirada del largo plazo.

Esto es muy común y, cuando vivimos así, el nivel de las decisiones que se toman suele ser muy baja en resultados, pero con muchas consecuencias negativas para la vida. Si bien las posibles derivaciones de un suceso puedan ser impensadas, al tener claro nuestro horizonte podemos minimizar notablemente su impacto.

En la pandemia del año 2020 quienes habían trabajado previamente en su autoconocimiento y tenían una mirada de largo plazo, lograron superar de mejor forma el golpe emocional, económico y social que la pandemia generó.

Estas personas supieron adaptarse rápidamente y reinventarse para salir mejor preparados en la post-pandemia. A través de su mirada de largo plazo supieron entender que la pandemia, si bien era una realidad impensada, era temporal. Supieron reconocer que la pandemia pasaría y el aprendizaje quedaría eternamente. Supieron aprovechar la ventana de oportunidad que se abrió para acelerar su proceso.

Comienza desde las pequeñas cosas, pequeños actos cada día. Cualquiera de los que inicialmente te hayas identificado en este libro. Una cosa te llevará a otra y en poco tiempo empezarás a tener una visión distinta de la vida y dar con esa misión divina que tu alma ha venido a desarrollar.

Al cabo de unos meses podrás mirar hacia atrás y verás todo aquello que has realizado. Siéntete orgulloso de eso y, si lo deseas, date algún gusto para premiarte sin perder el foco de todo lo que sigue por delante.

Como dijo mi amigo y mentor Raimon Samsó: *"El éxito personal es un proceso interior, y el reconocimiento del éxito es un evento exterior. No siempre coinciden en el tiempo, ni tampoco necesitas este último. Haz lo que debas y después retírate a un lado, toma distancia y deja que la magia haga el resto".*

El avanzar en tu proceso de sanación, y en la concreción de tu propósito de vida, creará un ciclo virtuoso de más confianza, autoestima y energía para desarrollar todo lo que sigue. En ese trayecto no olvides ser humilde y agradecido por todo lo que se manifieste a tu alrededor.

"Siempre parece imposible, ... hasta que se hace"[39]
Nelson Mandela.

---

[39] Alegato en el Juicio de Rivonia, 20 de abril de 1964. Cita tradicionalmente atribuida a Mandela que el propio Centro de la Memoria Nelson Mandela reconoce no saber ubicar.
https://www.lavozdegalicia.es/noticia/internacional/2013/12/06/nelson-mandela-citas-celebres/0003138628499265470 9732.htm

Tres aprendizajes que me ha ofrecido el capítulo:

31) ....
....

32) ....
....

33) ....
....

Otras notas destacadas del capítulo:

....

....

....

....

....

....

....

....

....

....

....

....

....

....

....

....

....

....

....

....

....

....

....

Cierre

"Hay un lugar en nuestro interior más profundo que quiere sentirse realizado, que quiere saber que su vida ha marcado una diferencia, que ha dejado este lugar, este planeta donde ha vivido, mejor que cuando llegó... que ha conmovido profundamente la vida de alguien con su existencia. Todos queremos eso. No es una cuestión de edad ni de encontrarse a uno mismo... Seas quien seas, tengas la edad que tengas..., solo estás a un pensamiento de cambiar tu vida."[40]

Wayne Dyer

---

[40] Película "El cambio", de Wayne Dyer.

Todo lo que nos sucede en la vida es para nuestra evolución conciencial. Entonces ¿Qué hay al otro lado del miedo? Tú, en una versión más elevada en energía y vibración. Tu potencial Yo a alcanzar en el siguiente estado conciencial, el cual requiere de la sanación de las viejas heridas emocionales inconscientes.

Entiendo el éxito como el efecto final de una labor previa. Esta labor es sobre nosotros mismos. Por eso creo que el éxito está al otro lado del miedo, pero antes hay que transformar la versión actual de nosotros mismos. Una vez alcanzada la nueva versión del Yo, es necesario compartirlo para el bien de todos; hacerlo con humildad y gratitud por el proceso transitado y el aprendizaje que tales experiencias nos han otorgado. La Biblia dice: *"No se prende una luz para meterla dentro de un cajón, se la prende para que ilumine a todos"*[41].

Este libro nació a partir de preguntas, que llegaban a mi mente, para entender y comprender que nos moviliza realmente a las personas. Mi voz interior me decía que no alcanzaba con situar a la profesión como el gran movilizador diario. La ecuación quedaba incompleta ya que somos mucho más que la profesión. El tener que ir más atrás por sí solo no alcanza si no tenemos una visión integral de la vida. Somos muchísimo más que la profesión y el servicio que brindamos a través de esta.

El propósito es ser feliz disfrutando de cada momento de la vida. En medio vivirás un proceso de autoconocimiento, sanación y crecimiento. También de relacionarte con los demás para expandir tu Ser, y por último tu chispa profesional impactará en la vida de miles de personas y lo harás a partir de tus dones y talentos divinos. A lo largo de la vida hay varios días importantes que recordarás por siempre. Sin dudas el día que descubres para que has venido al mundo es uno de ellos. Atesora ese momento en tu corazón.

Albert Einstein dijo: *"Nada ocurre hasta que algo se mueve"*. El tiempo está en movimiento constante en la tercera dimensión, pero el espacio no cambia hasta que algo ocurre. El tiempo te atraviesa y el espacio eres tú. En este plano para poner en marcha procesos de transformación se requiere de movimiento, hacerlo en forma integral, en tiempo y en espacio —en ti—.

Lo que hagamos en nuestra vida puede parecer insignificante en comparación con la línea de tiempo que atraviesa la historia de la humanidad y del Universo. Ahora todo lo que hagamos nos permite dejar una huella que aporta evolución al gran propósito colectivo. El logro obtenido será temporal

---

[41] Mateo 5:15-16 TLA

mientras que el aprendizaje perdurará eternamente en el Ser. El Ser es eterno y atemporal. Cada acción nutre al todo.

Detrás del logro que podamos ver realizado hay un sentimiento de autorrealización y de sentido a la vida que es lo que termina nutriéndonos, lo superficial deja de ser importante, salvo para el ego. Así es que toda experiencia nutre al Ser eterno, aunque en este plano la experiencia puede ponerse traje de dolor o de amor. Ambos extremos nutren al Ser. Para el Ser no hay dualidades en el aprendizaje.

Lo que nos une como seres humanos es más que lo que nos separa. Siempre la integración, la unidad, estará al final del camino. Es inevitable que así sea porque nuestro origen surge en la separación de la unidad —Dios—, para volver evolucionados a la unidad. Así que todo conflicto que vivenciemos en este plano se transforma con la unidad, con el amor. Y la energía y vibración del amor atraviesa todos los planos dimensionales y es la respuesta a todo. Empezando por nosotros mismos para luego compartirlo con todos.

Algún día nuestros cuerpos físicos perecerán y en ese instante lo dejaremos todo. Algunos habrán querido vivir plenamente desde su propósito de vida, y otros querrán esperar un poco más su momento o hacerlo de otras maneras. Cualquiera sea el caso, en cada uno de nosotros está el poder de decidir: ser íntegros con nuestro sentir y responsabilizarnos de las consecuencias de nuestro accionar.

Los títulos y los logros no nos definen. El ser humano se define constantemente por su sentimiento, por su pensamiento, por su hacer y por el valor que aporta a la humanidad y, finalmente, el legado que dejará.

A lo largo de la humanidad el mundo se ha valido de seres que han tomado acción, en muchos casos acción consciente y eso ha permitido que la humanidad avance y evolucione. También ha habido seres que han tomado un rol pasivo o un rol desde la crítica —es inevitable y forma parte del juego—. Sigue adelante y bendice a todos aquellos que alguna vez te dijeron, desde su pasividad o critica, que no se puede. Este momento de la humanidad requiere acción enfocada y consciente. Define quién eres y quien quieres Ser, conectando con tu propósito de vida. El mundo, más que nunca, requiere de seres como tú. El Universo acompaña tu acción. Siempre estas acompañado.

Procura dejar tu huella para el bien de todos. Desde tu propósito de vida puedes impactar en miles de vidas que necesitan verse reflejados para transitar de mejor manera su camino. Puedes mantenerte vivo eternamente en su sentir con el legado que transmitas. Cuando llegue el momento de tu partida, que no sea insignificante. Sin importar la cantidad de personas, eleva tu vida y la de los demás a tu alrededor. Como dijo un sabio maestro: *"Haz que tu vida sea como un girasol, siempre mirando al sol, madurando para producir innumerables semillas de una semilla".*

Toma todo lo que se ha brindado a través de mí en este libro. Toma todo aquello que resuena en ti y llévalo al siguiente nivel. Hazlo y no te guardes nada porque potencias mi Ser y a toda la humanidad. Somos uno. Bendecido sea tu camino y tu transitar por este mundo.

Mi alma agradece y abraza tu alma.
¡Sé feliz, haz el bien y vive con conciencia!

Cadena de favores

Si este libro ha sido de ayuda para ti, por favor, recomiéndalo en las redes sociales y elige, al menos, a tres personas especiales a quienes creas que puedes transmitirles estos conocimientos, y así ayudar a elevar la conciencia de la humanidad.

Este libro busca crecer a partir de la interacción con sus lectores. Deja tu opinión y testimonio a través del área de contactos de mi página web http://www.silviosantone.com/#contacto. En breve me pondré en contacto contigo para responderte.

Todo aporte que consideres valioso suma para ofrecer un mejor conocimiento a la humanidad, y expandir la conciencia universal. Muchas gracias por tu aporte y recomendación.

¡Dios te bendiga!
Gracias, gracias, gracias.

Servicios que brinda Silvio

BioNeuroCoaching®: Terapia integral de vida consciente y Sesiones de **Decodificación Emocional®**

¿Cuál es la diferencia con una terapia holística tradicional?

Silvio a integrado, en una solución única, las bondades de: las Neurociencias & PNL, el Coaching Integral de Vida & Profesional, la Terapia Integral de sus Métodos "Flor de la Vida®" y "Mapa de Vida Consciente®", la Decodificación Emocional® y Ambiental (con Feng Shui), Técnicas de Canalización y Simbología Sagrada, Reprogramación Cuántica, Epigenética y la Biología Sistémica para el Cambio Evolutivo.

Todas técnicas necesarias para obtener un Diagnóstico global, completo y dar con las creencias y los programas inconscientes que frenan el potencial del consultante. Luego formulamos un Tratamiento y Plan de Acción integral para liberarlos y transformarlos. Con cada etapa se emitirá un informe con acciones concretas y se brindará acompañamiento.

www.SilvioSantone.com/BioNeuroCoaching
www.SilvioSantone.com/DecodificacionEmocional

Cursos presenciales, online, programas intensivos y video cursos
Prepárate para innovar, crear, trascender, … y expandir tu Ser.
www.SilvioSantone.com/cursos/

Tienda con Pack's promocionales en libros, cursos y coaching
www.SilvioSantone.com/tienda/

Training & consultoría empresarial para Lideres y Empresas
Orientado a Líderes y Organizaciones. Transformando empresas desde adentro hacia afuera. **BioNeuroAssessment®** Estudio integral del ADN Empresarial y su impacto en los procesos de la Compañía. **BioNeuroManagement®** Coaching Ejecutivo para Directores, Lideres y Equipos de Trabajo
www.ADNEmpresarial.biz/index/

Calendario de los próximos eventos de Silvio
Programas intensivos, Cursos online y presenciales, Conferencias y eventos internacionales.
www.SilvioSantone.com/eventos/

¿POR QUÉ ELEGIR A SILVIO?

SIMPLE

Ama la simplicidad. Por ese motivo, sus conferencias y seminarios son fáciles de entender, prácticos y muy valiosos. Considera soluciones simples y efectivas, necesarias para lograr lo que deseas.

INTEGRAL

Su amplísimo conocimiento y compresión, sumado a sus conceptos innovadores y su visión integral, nos permiten descubrir el tercer lado de la moneda. Lo que nos da una perspectiva diferente de lo habitual.

CONSCIENTE

Te guiará hacia tu conciencia para que puedas expandirla. Verás como toda acción que realices puede ser mejorada a partir de tu Ser y, así, generar prosperidad y abundancia para tu vida y tu entorno.

SUMAR VALOR

Sumarás valor a lo existente. Trascenderás todo lo preestablecido como norma en cada ámbito de tu vida y contarás con herramientas de altísimo poder vibracional para afrontar las situaciones complejas que se te presenten en lo cotidiano.

PRAGMÁTICO

Enseña a partir de todo lo aprendido y experimentado desde su vida personal. Es canalizador y un gran investigador sobre todos los temas relacionados a la expansión del Ser. Es muy pragmático y sus cursos tratan temas muy complejos de forma simple de manera que cualquier persona los pueda entender y aplicar en su vida cotidiana.

EXPERIENCIA

Es Máster Coach de Vida, Organizacional & Liderazgo Ejecutivo, Consultor experto en inteligencia empresarial y procesos de negocios. Además, por más de una década trabaja en su desarrollo personal, espiritual, y autoconocimiento, lo que le ha permitido integrar ambas experiencias en métodos innovadores: **BioNeuroAssessment®**, **BioNeuroManagement®**, **BioNeuroCoaching®** y **Decodificación Emocional®**.

Otros libros de Silvio

Disponibles en la página www.SilvioSantone.com/libros/